POLYGLOTT on tour

Florenz

Die Autorin
Monika Pelz
studierte in München, Florenz und Pisa Geschichte, Politologie und italienische Linguistik. Sie lebt mit ihrer Familie in Pisa und hat in vielen Jahren Land und Leute in der Toskana kennen und schätzen gelernt. Die Autorin verfasste auch die Titel der Polyglott on tour-Reihe »Toskana« und »Apulien/Kalabrien«.

POLYGLOTT Top 12 .... Umschlag vorne

Reiseplanung

Die Stadtviertel im Überblick 8
Die schönsten Touren 10
Ein Wochenende in Florenz 10
   Domplatz › Cappelle Medicee › San Lorenzo ›
   Palazzo Pitti › Boboli-Garten › Bargello › Santa
   Croce › Piazza della Signoria › Ponte Vecchio
Florenz einmal anders 12
   Ognissanti › Cappella Brancacci › Santo Spirito
   › Synagoge › Fiesole › Museo Archeologico ›
   Certosa di Galluzzo › Medici-Villen › Gärten
Shoppen in Florenz 15
   Via de' Tornabuoni › Via della Vigna Nuova ›
   San Lorenzo › Santa Maria Novella ›
   Oltrarno
Touren und Ausflüge – Übersicht 17
Klima und Reisezeit 18
Anreise 19
Stadtverkehr 20
   Special Kinder

   »Mit Kindern in der Stadt« 22
Unterkunft 24
Essen und Trinken 27
Shopping 30
   Special Mode
   »Pucci, Gucci & Co.« 36
Am Abend 38

Land & Leute

Steckbrief Florenz 42
   Zahlen & Fakten][Lage][Umwelt][
   Wirtschaft
Geschichte im Überblick 44
Die Menschen 46
Kunst und Kultur 47
   Romanik][Gotik][Renaissance][
   Manierismus
Feste & Veranstaltungen 54

Unterwegs in Florenz

Der historische Kern 58
Der Puls der Arnostadt schlägt im historischen Kern, der mit seiner Dichte an Bauten, Bildern und Skulpturen aus der Renaissance als Gesamtensemble zum UNESCO-Weltkulturerbe erklärt wurde. Zugleich lockt Florenz als angesagte Modestadt.

Zur Orientierung 59
Touren im historischen Kern 60
Vom Dom zum Palazzo Vecchio 60
   Baptisterium][Dom][Campanile][Dombaumuseum][Casa di Dante][Orsanmichele][Piazza della Signoria][Palazzo Vecchio][Loggia dei Lanzi][Uffizien][Ponte Vecchio
Vom Mittelalter in die Welt der Mode 74
   Santo Stefano al Ponte][SS. Apostoli][Santa Trinità][Palazzo Bartolini Salimbeni][Palazzo Spini-Ferroni][Museo della Casa Fiorentina][Palazzo di Parte Guelfa][Mercato Nuovo][Piazza della Repubblica][Palazzo Strozzi][Palazzo Antinori][Santa Maria Maggiore

Viertel San Giovanni 79
Kunstgenuss vom Feinsten und kulinarische Freuden lassen sich im Schatten von San Lorenzo verbinden. Weitere Museen warten mit archäologischen und prähistorischen Schätzen auf.

Zur Orientierung 80
Touren im Viertel San Giovanni 81
Medici, Michelangelo und Markt 81
   Palazzo Medici-Riccardi][San Lorenzo][Cappelle Medicee][Zentrale Markthalle][Cenacolo di Sant'Apollonia][Piazza San Marco][Universität][Galleria dell'Accademia][Opificio delle Pietre Dure][Rotunde Santa Maria degli Angeli][Museo Firenze com'era
Renaissancekunst, Mammuts und Antike 90
   Piazza San Marco][Museo di San Marco][Chiostro dello Scalzo][Giardino dei Semplici][Museum für Geologie und Paläontologie][Museum für Mineralogie und Gesteinskunde][SS. Annunziata][Museo Archeologico

Viertel Santa Croce ... 97
Im Schatten des Bargello, des schönsten Skulpturenmuseums der Stadt, und der Kirche Santa Croce mit herrlichen Giotto-Fresken stehen weitere interessante und aufschlussreiche Sammlungen.

Zur Orientierung ... 98
Tour im Viertel Santa Croce ... 98
Im Viertel Santa Croce ... 98
Palazzo Nonfinito][Palazzo Pazzi-Quaratesi][Badia Fiorentina][Bargello][Piazza San Firenze][Museo di Storia della Scienza][Museo Horne][Piazza Santa Croce][Santa Croce][Casa Buonarroti][Loggia del Pesce][Mercato di Sant'Ambrogio][Synagoge

Special **Handwerk**
»Stöbern und Staunen« ... 106

Santa Maria Novella ... 108
Mittelpunkte des vornehmen Viertels mit eleganten Modegeschäften sind die namengebende Renaissancekirche Santa Maria Novella und die barock gestaltete Kirche Ognissanti am Arno.

Zur Orientierung ... 109
Tour in Santa Maria Novella ... 109
Im Viertel Santa Maria Novella ... 109
Ponte alla Carraia][Palazzo Rucellai][Museo Marini][Casa Galleria][Ognissanti][San Paolino][Apotheke Santa Maria Novella][Piazza Santa Maria Novella][Museo Nazionale della Fotografia][Santa Maria Novella

Oltrarno ... 116
Zwischen den Glanzstücken des Florentiner Reichtums auf der linken Uferseite folgen Kunsthandwerker der großen Tradition der Stadt. Ein Spaziergang auf die Hügel zum Piazzale Michelangelo wird mit einem herrlichen Ausblick belohnt.

Zur Orientierung ... 117
Touren im Oltrarno ... 117
Rund um den Palazzo Pitti ... 117
Santa Felicita][Palazzo Pitti][Giardino di Boboli][Museo della Specola

Unterwegs in Santo Spirito & San Frediano............ **122**
  Piazza Santo Spirito][Santo Spirito][Cenacolo
  di Santo Spirito][Piazza del Carmine][Santa
  Maria del Carmine][Brancacci-Kapelle][San
  Frediano in Cestello

Von San Niccolò in die Hügel............................. **127**
  Museo Bardini][Giardino Bardini][Via San
  Niccolò][Piazzale Michelangelo][San Miniato
  al Monte][Forte Belvedere

Ausflüge 130

Fiesole	**131**
Certosa di Galluzzo	**132**
Ausflug zu den Villen im Nordwesten	**134**
Fahrt durch den Mugello	**135**

Infos von A–Z 137

Register	**140**
Mini-Dolmetscher	**144**
Das System der Polyglott-Sterne	**Umschlag vorne**

Echt gut!

Preiswert und mit Charme übernachten	**25**
Gut und günstig essen	**28**
Delikatessen-Shopping	**33**
Gratis besichtigen	**53**
Florenz von oben	**65**
Die schönsten Plätze am Abend	**124**

Karten

Der historische Kern	**61**
San Giovanni	**83**
Santa Croce	**99**
Santa Maria Novella	**110**
Oltrarno	**120**
San Niccolò	**129**
Ausflüge	**133**
Übersichtskarte	**Umschlag hinten**

5

Reiseplanung

Die Stadtviertel im Überblick][Die schönsten Touren][Klima und Reisezeit][Anreise][Stadtverkehr][Unterkunft][Essen und Trinken][Shopping][Am Abend

Die Stadtviertel im Überblick

Florentia – die Blühende: So tauften die Veteranen Cäsars ihre Siedlung am Arno – ein Name, der die großartige Zukunft der Stadt als blühende Renaissancemetropole vorwegzunehmen scheint. Reichtum aus Handel und Bankgeschäften und die Entstehung eines neuen Weltbildes, das den Menschen in den Mittelpunkt seiner Anschauungen stellte, sowie die Wiederentdeckung antiker Kunstideale trafen im 15. Jh. in Florenz zusammen: Diese Voraussetzungen ermöglichten den ungeahnten Aufschwung der Stadt, die Entstehung der großartigen Bauten, Bilder und Skulpturen machten Florenz zur Wiege der Renaissancekultur. Nirgends auf der Welt existiert eine derartige Dichte des Kunstschaffens aus der Epoche, die am Beginn der Neuzeit Europas liegt und die folgenden Jahrhunderte tiefgehend beeinflusste. Alle führenden Künstler der Zeit von Brunelleschi und Donatello bis hin zur Trias Raffael, Leonardo da Vinci und Michelangelo arbeiteten in Florenz. Die UNESCO erklärte das Centro Storico der Arnostadt daher als einzigartiges Gesamtensemble der Renaissance 1982 zum Weltkulturerbe.

Die rote Domkuppel von Brunelleschi und der schlanke Turm des Palazzo Vecchio bilden die Wahrzeichen des **historischen Kerns.** Großartige Renaissancepaläste wie der Palazzo Strozzi prägen das Straßenbild. Millionen Besucher schlendern jährlich in dem Areal des ehemaligen römischen Kastells, aber nicht nur wegen der Kunst. Mode heißt das zweite Zauberwort. Alle führenden Topdesigner Italiens und die großen internationalen Modehäuser zeigen in der Via de' Tornabuoni und rund um die Piazza della Repubblica ihre Kreationen in auf Hochglanz gestylten Vitrinen. Von Armani bis Benetton reicht die Bandbreite, vom kleinen Schwarzen für den Cocktailabend bis hin zu extravagantem Modeschmuck. Alteingesessene, stolze Cafés und neue, schicke Nobelbars bieten das stilvolle Ambiente für *Light Lunch* und Aperitif, die *Trippa*-Stände die bodenständige Alternative für eine volkstümliche Pause.

Im **Viertel San Giovanni** nördlich des historischen Kerns wohnten einst die Medici im Prototyp des Renaissancepalastes, in dessen Cappella dei Magi sie von Benozzo Gozzoli im Fresko verherrlicht wurden. Brunelleschi gestaltete für die Familie San Lorenzo zu einem der harmonischsten Kirchenräume der Epoche um, errichtete mit der Sagrestia Vecchia den ersten Zentralbau seit der Antike. Michelangelo schuf mit der Sagrestia Nuova, ebenfalls im Auftrag der Medici, den gelungensten Raum der Hochrenaissance, Fra Angelico malte die zarteste Verkündigung in San Marco. Doch nicht nur Renaissancekunst vom Feinsten prägt das Viertel. Das lebhafte Markttreiben vor San Lorenzo und in der

Die Stadtviertel im Überblick

schon 150 Jahre alten zentralen Markthalle, die Studenten der Uni-Institute, viele kleine Bars und Lokale verleihen San Giovanni eine offene, freundliche Aura. Touristen und Einheimische mischen sich in den Gassen, bewahren diesen Stadtteil davor, zum reinen Renaissance-Museum zu werden.

Das **Viertel Santa Croce** im Osten des historischen Kerns zeigt zwei Gesichter. Einst wohnten hier die kleinen Leute, das Florentiner Popolo, doch heute werden die Borghi und Vie zwischen Palazzo Vecchio, Dom und Santa Croce immer mehr von Ausländern belegt, reihen sich Bars, Weinlokale und Souvenirläden aneinander. Ganz anders gibt sich das nördliche Santa Croce. Einfach geht es hier in vielen Trattorien zu, am Nachmittag treffen sich die Mütter mit Kindern an der Piazza d'Azeglio und Piazza de' Ciompi. Abends feiert die Kulturszene rund um den Mercato di Sant'Ambrogio, die Jugend am Arco San Pier Maggiore in den Pubs. Natürlich wartet auch hier großartige Kunst: die schönsten Skulpturen im Bargello, die besten Fresken Giottos in Santa Croce und Brunelleschis formvollendete Cappella Pazzi.

Ohne große Massen, beinahe unberührt vom Touristenstrom gibt sich das **Viertel Santa Maria Novella.** Die namengebende Kirche ist mit ihren herrlichen Fresken ein Besuchermagnet, aber in die stillen Gassen der Antiquitätenhändler, der gediegenen Galeristen, der einfachen Handwerker, in die Welt der Florentiner Bourgeoisie verlieren sich wenige. Doch gerade hier lebt Florenz seinen Alltag, genießt die vornehmen Boutiquen in der Via della Vigna Nuova, die edlen Lokale am Arno, die charakteristischen Trattorien in den versteckten Winkeln. Hinter den Ringstraßen im Westen des Viertels liegen der weitläufige

Nachtleben in Florenz am Arnoufer

Cascine-Park und gleich davor die Stazione Leopoldo, neuestes Kultur- und Eventzentrum der Arnostadt.

Oltrarno, jenseits des Arno, steht der Palazzo Pitti wie ein nobler Fels inmitten der volkstümlichen Viertel Santo Spirito, San Frediano im Westen und dem edleren San Niccolò im Osten. Noch immer stellen an heißen Sommerabenden die Signoras ihre Stühle auf die Gassen, so wie die Handwerker tagsüber ihre restaurierten Möbel zum Trocknen. Doch die Bevölkerung verändert sich im Oltrarno, die Wohngegend wird trendy, die hohen Preise treiben viele Familien in die »Schlafvororte«. Immer mehr kultige Bars zieht es in dieses Bollwerk Florentiner Originalität. Noch kann man aber den speziellen Charme des Oltrarno spüren, noch in den Straßen die Atmosphäre eines eigenständigen Florentiner Lebens einatmen.

Die schönsten Touren

Ein Wochenende in Florenz

Dom > Baptisterium > Campanile > Piazza della Repubblica > Palazzo Strozzi > Via de' Tornabuoni > Via della Vigna Nuova > Palazzo Rucellai > Cappelle Medicee > San Lorenzo > Markt San Lorenzo > Cappella dei Magi > Piazzale Michelangelo > Palazzo Pitti > Giardino di Boboli > Bargello > Santa Croce > Piazza della Signoria > Palazzo Vecchio > Loggia dei Lanzi > Ponte Vecchio

Dauer
2 Tage

Praktische Hinweise
Im Zentrum spaziert man am besten zu Fuß. Alle Sehenswürdigkeiten liegen dicht zusammen. Zum Piazzale Michelangelo fährt man vom Bahnhof mit der Linie 12 entgegen dem Uhrzeigersinn, mit der Linie 13 im Uhrzeigersinn, einmal rund um das Centro Storico. Für den Palazzo Pitti und den Giardino di Boboli gibt es Sammeleintrittskarten > S. 117.

An einem Wochenende lässt sich Florenz gut erkunden. Ein guter Ausgangspunkt am Freitagnachmittag ist der Domplatz, an dem das geistliche Zentrum der Stadt liegt. Das Ensemble aus dem ****Dom** > S. 62 mit

Die schönsten Touren

der Kuppel Brunelleschis, dem mittelalterlichen ***Baptisterium** ❯ S. 60 und dem **Campanile** Giottos ❯ S. 64 stimmt einen auf Florentiner Größe ein. Spaziert man zur nahen **Piazza della Repubblica** ❯ S. 77, so bieten sich gleich mehrere stilvolle Cafés für eine Pause an. Anschließend lockt ein Bummel durch die umliegenden Straßen, vorbei am **Palazzo Strozzi** ❯ S. 78 zur **Via de' Tornabuoni** ❯ S. 77 mit den Top-Modeboutiquen. Mode erwartet Sie auch in der **Via della Vigna Nuova** ❯ S. 110. Zum Abschluss des Tages kann man bei **Latini** ❯ S. 29 den Abend bei traditioneller Florentiner Küche ausklingen lassen.

Den Auftakt am Samstag bildet in den **Cappelle Medicee** ❯ S. 85 Michelangelos großartige Architektur im Zusammenspiel mit seinen meisterhaften Statuen. Danach bietet die Kirche **San Lorenzo** ❯ S. 82 einen der harmonischsten Renaissanceräume, gestaltet wie die **Sagrestia Vecchia** im Inneren von Brunelleschi. Bei einem Bummel über den **Straßenmarkt** entdecken Sie vielleicht ein nettes Mitbringsel und in der **Markthalle** ❯ S. 86 eine Delikatesse für zu Hause. Im Prototyp des Florentiner Renaissancepalastes, dem **Palazzo Medici-Riccardi** ❯ S. 81, wartet Lorenzo il Magnifico dann im Fresko der **Cappella dei Magi**. Gleich hinter dem Palazzo können Sie die leichte, mediterran angehauchte Küche des **q.b. – quantobasta** ❯ S. 84 genießen. Klassische Florentiner Gerichte gibt es hinter dem Markt bei **ZaZa** ❯ S. 86 oder bei **Mario** ❯ S. 30.

Anschließend gehen Sie zum Bahnhof (ca. 7 Minuten Fußweg) und nehmen dort den Bus Nr. 13 zum **Piazzale Michelangelo** ❯ S. 128: Florenz liegt Ihnen zu Füßen. Der Bus fährt durch die Hügel hinunter zur Porta Romana. Nur wenige Schritte und Sie stehen vor dem größten Palazzo der Stadt, dem **Palazzo Pitti** ❯ S. 118. Hier lassen Sie sich von den Raffaels, Tizians und Caravaggios in der **Galleria Palatina** bezaubern, anschließend genießen Sie im wunderschönen **Giardino di Boboli** ❯ S. 120 die *Aussicht auf Florenz. Nach einem entspannten Bummel durch das Viertel Oltrarno mit seinen vielen Kunsthandwerksläden bieten sich die Restaurants an der **Piazza Santo Spirito** ❯ S. 122 oder an der **Piazza del Carmine** ❯ S. 124 für das Abendessen an.

Das schönste Skulpturenmuseum in Florenz wartet am Sonntag im alten Stadtpalast **Bargello** ❯ S. 108. Das beste Eis der Stadt bei **Vivoli** ❯ S. 102 erreicht man dann über den Borgo de' Greci. Weit öffnet sich die **Piazza Santa Croce** mit dem Dante-Denkmal vor der gleichnamigen Kirche ***Santa Croce** ❯ S. 103. Giotto malte seine herrlichen **Fresken** hier, und im Kreuzgang baute Brunelleschi das Kleinod **Cappella Pazzi**. Über die Via de' Benci und die Via de' Neri gelangen Sie schließlich auf die *Piazza della Signoria ❯ S. 68 mit dem mächtigen Rathaus **Palazzo Vecchio** ❯ S. 68 und dem Freiluftmuseum *Loggia dei Lanzi ❯ S. 70. Nach einer Schokolade im **Rivoire** ❯ S. 68 bleibt der *Ponte Vecchio ❯ S. 72 als Bild von Florenz im Gedächtnis.

Die schönsten Touren

Florenz einmal anders

Ognissanti › Cappella Brancacci › Piazza Santo Spirito › Museo Firenze com'era › Biblioteca delle Oblate › Synagoge › Fiesole › Museo di Santa Maria Novella › Apotheke › Museo Marini › Palazzo Rucellai › Santa Trinità › Cenacolo di Sant'Apollonia › Chiostro dello Scalzo › Giardino dei Semplici › Museo Archeologico › Certosa di Galluzzo › Villa di Castello und La Petraia › Museo Horne › Museo Bardini › Giardini Bardini/di Boboli › Museo della Porcellana › Museo degli Argenti › Galleria del Costume

Dauer
6 Tage

Praktische Hinweise
Die Tour geht von Montag bis Samstag. Folgende Tage sind sonst aufgrund der Öffnungszeiten für die einzelnen Tourtage geeignet: **Tag 1** Mo, Sa; **Tag 2** Mo, Di; **Tag 3** Mo, Mi, Do; **Tag 4** Mo, Do, Sa; **Tag 5** Di–So; **Tag 6** Sa, Mo (nicht 1. u. 3. im Monat). Nach Fiesole fährt Bus Nr. 7 ab Piazza San Marco, ab Bahnhof zur Certosa di Galluzzo Bus Nr. 37, zu den Medici-Villen Bus Nr. 28. Für den 5. Tag empfiehlt sich ein Tagesticket für den Bus. Sammelticket für Giardino Bardini, Giardino di Boboli, Museo delle Porcellane, Museo degli Argenti, Galleria del Costume › S. 117.

Sie kennen schon die Hauptsehenswürdigkeiten, Dom und Palazzo Vecchio, die Uffizien und Santa Croce? Dann sollten Sie sich die versteckten Schätze der Arnostadt ansehen, wunderschöne Fresken, einzigartige Museen – und das ganz ohne Touristenrummel. Am ersten Tag besichtigen Sie vormittags die ***Kirche Ognissanti** › S. 112 mit Meisterfresken von Botticelli und Ghirlandaio, einen Eingang weiter den **Cenacolo von Ognissanti** › S. 112 mit einem traumhaft schönen ***Abendmahlsfresko**, ebenfalls von Ghirlandaio. Über den **Ponte alla Carraia** › S. 109 gelangt man nach Oltrarno, wo man in der ****Brancacci-Kapelle** › S. 125 an der Piazza del Carmine die ersten perspektivisch gemalten Fresken von Masaccio bestaunen kann. Nach dem Mittagessen in einem der guten Restaurants in diesem Viertel bummeln Sie zur **Piazza Santo Spirito** › S. 122. Hier findet man in der ***Kirche Santo Spirito** › S. 123 die feine Architektur Brunelleschis. Bei **Giannini** › S. 107 kann man dabei zusehen, wie wunderschönes Papier hergestellt und gebunden wird. Shoppen Sie ein wenig und genießen Sie den Abend im **La Cité** › S. 126 bei Jazzmusik oder einem Kulturevent. Spät nachts können Sie noch auf einen Cocktail im **Dolce Vita** › S. 125 einkehren.

Ins Florenz vergangener Jahrhunderte dringen Sie am zweiten Tag im **Museo Firenze com'era** › S. 89 ein. In der **Biblioteca delle Oblate** › S. 90 nebenan genießen Sie dann bei einer Erfrischung die schöne Aussicht im Museumscafé. Später statten Sie der jüdischen Welt von Florenz in der **Synagoge** › S. 105 und dem angeschlossenen **Museo Ebraico** einen Besuch ab. Für das Mittagessen bieten

Signore Giannini lässt sich bei der Arbeit über die Schulter schauen

sich die Restaurants um der Piazza Sant'Ambrogio an. Von hier fährt die Buslinie C zur Piazza San Marco. Steigen Sie dort um in Bus Nr. 7, der hinauf nach **Fiesole** › S. 131 fährt. Die **Archäologische Zone** lohnt den Besuch, der wunderbare Blick ins Tal und ein Abendessen in dem kleinen Ort werden Sie nicht enttäuschen.

Beginnen Sie den dritten Tag mit dem Besuch des **Museo di Santa Maria Novella** › S. 115 und den herrlich ausgemalten Kreuzgängen an der weitläufigen **Piazza Santa Maria Novella** › S. 113. In der stilvollen alten **Apotheke** von Santa Maria Novella warten neben Cremes, Seifen und Bonbons auch fein ausgemalte Räume › S. 113. Mittags genießen Sie in der **Trattoria dei Cento poveri** toskanische Küche (Via Palazzuolo 31r). Anschließend bummeln Sie zum **Museo Marini** › S. 111 mit den ungewöhnlichen Pferdeskulpturen des Meisters. Eine der harmonischsten Fassaden besitzt der ***Palazzo Rucellai** › S. 110 in der Modegasse **Via della Vigna Nuova** › S. 110. Einen Blick auf die High Society der Renaissance kann man in ***Santa Trinità** › S. 75 werfen. Für einen Aperitif oder ein Abendessen mit Sushi gehen Sie um die Ecke ins **Rose's** › S. 76.

Am vierten Tag bestaunen Sie im ****Cenacolo di Sant'Apollonia** › S. 86 ein weiteres herrliches Abendmahlfresko, meist ganz allein. Die feinen monochromen Fresken von Andrea del Sarto findet man in der Via Cavour im ***Chiostro dello Scalzo** › S. 92. An der **Piazza San Marco** stärken Sie sich in einer Bar, bevor Sie im ältesten **Botanischen Garten** (Giardino dei Semplici) › S. 92 der Welt an der Via Micheli die Augen vom vielen Stein der Stadt erholen. Das ****Museo Archeologico** › S. 95 beherbergt großartige etruskische und römische Statuen und verfügt über die die zweitgrößte ägyptische Abteilung Italiens. Anschließend schlendern Sie noch ein wenig durch das Viertel in Richtung Sant'Ambrogio, um dort ihren Aperitif im **Caffè Sant'Ambrogio**

› S. 105 und das Abendessen am Buffet des **Teatro del Sale** › S. 105 einzunehmen.

Am fünften Tag nehmen Sie am Bahnhof Santa Maria Novella den Bus Nr. 37 zur **Certosa di Galluzzo** › S. 132, wo im mächtigen Kartäuserkloster die spartanischen Mönchszellen und die herrlichen *Fresken von Pontormo beeindrucken. Mittags können Sie rund um die **Piazza Santo Spirito** › S. 122 speisen und dann zurück zum Bahnhof fahren. Von dort fährt der Bus Nr. 28 zu dem stilreinen *Renaissancepark der **Villa di Castello**. Die Villa *La Petraia › S. 134 etwas weiter bietet prunkvolle Innenräume und einen grandiosen *Panoramablick. Zum Abendessen geht es zurück ins Zentrum.

Der sechste Tag beginnt mit zwei Museumsbesuchen. Im **Museo della Fondazione Horne** › S. 102 kann man die vom Engländer Herbert Horne gesammelte Kunst aus der Blütezeit der Arnostadt bestaunen. In Oltrarno, gleich auf der anderen Seite des Flusses, wandelt man im *Museo Bardini › S. 127 auf den exzentrischen Spuren des Kunstsammlers Stefano Bardini. In der **Via San Niccolò** › S. 127 finden Sie sicher den richtigen Ort für eine Pause, bevor Sie in den herrlichen Gartenanlagen des *Giardino Bardini › S. 127 flanieren. Mit demselben Ticket gelangen Sie auch in den **Giardino di Boboli** › S. 120, an dessen höchster Stelle mit wunderbarer Aussicht auf die umliegenden Hügel das sehenswerte **Porzellanmuseum** › S. 122 liegt. Spazieren Sie durch den Garten zum idyllischen Isolotto, bevor Sie im *Museo degli Argenti › S. 120 den Glanz und Prunk der Medici-Schätze auf sich wirken lassen. Feinste Roben bietet die **Galleria del Costume** › S. 37. Den Abend verbringen Sie im **Caffè Pitti** › S. 122 und genießen den Blick auf die mächtige, angestrahlte Masse des **Palazzo Pitti.**

Die Medici-Villa La Petraia ist ein lohnendes Ausflugsziel

Die schönsten Touren

Shoppen in Florenz

Via de' Tornabuoni › Via della Vigna Nuova › Via del Sole › Via degli Strozzi › Via dei Tosinghi › Via de' Panzani › Via de' Cerretani › Via dei Calzaiuoli › Via Por Santa Maria › Via Calimala › Piazza della Repubblica › Via Roma › Markt San Lorenzo › Santa Maria Novella › Borgo Ognissanti › Via Maggio › Oltrarno

Dauer
4 Tage

Praktische Hinweise
Beachten Sie, dass Modegeschäfte montags vormittags oft geschlossen sind. Kleinere Läden und Antiquare halten eine Mittagspause von 13 bis etwa 16 Uhr. Im Hochsommer schließen viele Geschäfte samstags nachmittags.

Am ersten Tag geben Sie sich ganz der Alta Moda hin. Bummeln Sie die **Via de' Tornabuoni** › S. 77 entlang, beginnend an der Piazza Santa Trinità. Trauen Sie sich und probieren Sie in den formvollendet gestylten Boutiquen ruhig etwas an. Spazieren Sie bis zum Palazzo Strozzi › S. 78 hinauf, von hier in die **Via della Vigna Nuova** › S. 110, auf der einen Seite hinunter, auf der anderen zurück. In der **Via del Sole** finden Sie exklusive Kindermode, an der **Via degli Strozzi** und der parallelen **Via dei Tosinghi** begegnen Ihnen wieder die großen Namen des internationalen Modedesigns. Für eine stilvolle Pause eignen sich die Cafés rund um die **Piazza della Repubblica** › S. 77.

Den zweiten Tag widmen Sie all den Geschäften, die Sie von zu Hause kennen, wo Sie aber nie Zeit und Muße zum Einkaufsbummel finden. Teilweise mischt sich die Welt von Benetton, Zara oder H&M mit der Alta Moda. Ihre Modetempel weisen nicht minder gestylte Auslagen auf. Vom Bahnhof kommend führt die Tour in die **Via de' Panzani** und **Via de' Cerretani** am Kaufhaus Oviesse, an Geox, Sisley und Benetton vorbei zur **Via dei Calzaiuoli.** Stefanel, Footlocker, Tezenis, ein Disney Store für die Kleinen und das Kaufhaus Coin warten an der Verbindungsachse vom ****Dom Santa Maria del Fiore** › S. 62 zum ****Palazzo Vecchio** › S. 68. Vom ***Ponte Vecchio** › S. 72 gelangt man von der **Via Por Santa Maria** mit H&M, Benetton, Champion und Replay in die **Via Calimala** mit Zara, Geox, Puma bis zur **Piazza della Repubblica** › S. 77 mit dem Kaufhaus La Rinascente und der **Via Roma** mit Sisley. Schauen und feilschen können Sie am **Straßenmarkt San Lorenzo** und hinter der **Markthalle** › S. 86 den Abend ausklingen lassen.

Die schönsten Touren

Prachtvolle Fassade von Sta. Maria Novella

Auf wunderschöne alte Dinge fällt der Blick am dritten Tag. Im Süden der **Piazza Santa Maria Novella** › S. 113 schauen Sie in der **Via de' Fossi** › S. 111 in Schaufenster mit Renaissancetruhen, Ölgemälden, Statuen oder modernen Vasen, die jedem Museum zur Ehre gereichten. Auch im **Borgo Ognissanti** schweifen Ihre Augen über antikes Mobiliar, herrliche Keramiken und Bilder. Spazieren Sie doch ein wenig durch die Gassen des Viertels, etwa in die **Via della Porcellana** oder die **Via del Palazzuolo.** Hier können Sie Rahmenschnitzern bei der Arbeit zusehen. Ihre Mittagspause halten Sie noch im Viertel, am Nachmittag bieten Ihnen dann die Antiquare in der **Via Maggio** › S. 123 in Oltrarno kostbare Möbel, Statuen und Gemälde in alten Renaissancepalästen. Zur Stärkung zwischendurch genießen Sie die traumhaft gut schmeckenden *Pasticcini* und Schokoladenpralinen im **Dolcissima** › S. 122, abends speisen Sie im Viertel.

Im **Oltrarno** › S. 116 haben Sie am vierten Tag die Qual der Wahl: Hier gibt es viele kleine Läden für Schmuck, Stoffe und Mode, Bilderrahmen und Eisenobjekte, Holzarbeiten und Mosaikkunst. Schlendern Sie durch die Straßen, auch in die kleinen Seitengassen, und Sie finden immer wieder Handwerker, Künstler und Kreative, die Schönes, Interessantes, Traditionelles und Modernes schaffen. Beginnen Sie gegenüber dem ****Palazzo Pitti** › S. 118 mit feinsten Mosaikarbeiten (Pitti Mosaici, Piazza dei Pitti 23) und zauberhaftem Papier (Giannini › S. 107), im Sdrucciolo de' Pitti mit Kreationen aus Silber (Zaccaro › S. 123) und feingewebten Stoffen (Telerie Toscane › S. 107). Wandern Sie über die Via Toscanella mit den originellen Eisentieren (Giachetti › S. 123) zur Via Santo Spirito. Ob Sie nun Holzarbeiten in allen Formen lieben (Castorina › S. 106), den Chic geschneiderter Damenmode (Quelle Tre › S. 32), ungewöhnliche Accessoires (Caputi › S. 31) oder alte Druck- und Grafikerkunst (L'Ippogrifo › S. 33): Hier sind Sie richtig.

Die schönsten Touren

Auch im anschließenden **Borgo San Frediano** ❯ S. 122 begegnen Sie Handwerkern, Künstlern und Kleiderdesignern (Le Conquiste ❯ S. 32, Dangerous Work ❯ S. 126). Zu exklusiven Stoffen (Antico Setificio Fiorentino ❯ S. 107) und bronzenen Lampen (Ugolini ❯ S. 34) wandern Sie noch ein bisschen weiter.

An der Porta San Frediano fährt der Bus D in das **Viertel San Niccolò** ❯ S. 127. Auch hier lohnt ein Streifzug durch die Gassen, in die Via de' Bardi zu wunderschönem gebundenem Papier (Il Torchio ❯ S. 107) und zu exzellenten Metallkünstlern (Cerlini ❯ S. 107). Entdecken Sie selbst noch viel mehr! Für einen Aperitif und das Abendessen bleiben Sie dann gleich im Viertel, wo es genügend Gelegenheiten für einen gemütlichen Ausklang des Tages gibt (Restaurant- und Nightlife-Tipps ❯ S. 127).

Touren und Ausflüge

Touren in der Stadt	Stadtviertel	Dauer	Seite
Vom Dom zum Palazzo Vecchio	Historischer Kern	6 Std.	60
Vom Mittelalter in die Welt der Mode	Historischer Kern	3 Std.	74
Medici, Michelangelo und Markt	San Giovanni	5–6 Std.	81
Renaissancekunst, Mammuts und Antike	San Giovanni	4–5 Std.	90
Im Viertel Santa Croce	Santa Croce	5 Std.	98
Im Viertel Santa Maria Novella	Santa Maria Novella	4–5 Std.	109
Rund um den Palazzo Pitti	Oltrarno	5 Std.	117
Unterwegs in Santo Spirito und San Frediano	Oltrarno	3 Std.	122
Vom Viertel San Niccolò in die Hügel	Oltrarno	3–4 Std.	127

Ausflüge	Lage	Dauer	Seite
Fiesole	ca. 7 km nordöstl. von Florenz	½ Tag	131
Certosa di Galluzzo	ca. 10 km südwestl. von Florenz	2 Std.	132
Medici-Villen: Villa di Castello, Villa La Petraia	nordwestl. von Florenz	½ Tag	134
Fahrt durch den Mugello	nördl. von Florenz	1 Tag	135

Klima und Reisezeit

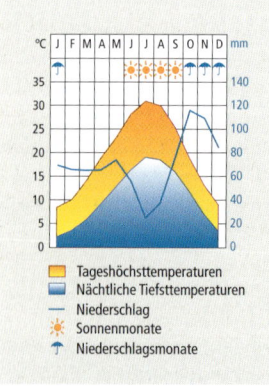

- Tageshöchsttemperaturen
- Nächtliche Tiefsttemperaturen
- Niederschlag
- Sonnenmonate
- Niederschlagsmonate

Die Kessellage beeinflusst das Klima der Stadt. Im Frühjahr und Herbst halten die Hügel die kalten Fallwinde vom Apennin her ab, in den Sommermonaten verwandeln sie Florenz in eine Sauna. Oft erreicht tagelang kein Lufthauch die Innenstadt, knapp 40 °C sind dann nicht selten.

Zwar kann die Stadt im Winter mit herrlich warmen Sonnentagen aufwarten, aber auch nasskalte Regentage zählen zu den Erscheinungen dieser Jahreszeit. Dennoch: Kunstliebhaber sollten Florenz im **Winter** besuchen. Dann besteht die Chance, Michelangelos Meisterwerke in Ruhe (fast) alleine zu betrachten. Im **Frühjahr** und **Herbst** lockt das angenehme Klima Reisegruppen aus aller Welt in die Kirchen und Museen, doch sollte der Regenschirm im April und Oktober mit im Gepäck sein. Schon im Frühjahr – und erst recht über Ostern – bilden sich vor den bekanntesten Kunstdenkmälern und -galerien, z.B. an der Piazza della Signoria, Warteschlangen von beträchtlicher Länge. Wer im Dom gleichzeitig von drei Reiseleitern beschallt wird, verfügt wohl kaum über die Muße, die Kunstschätze angemessen auf sich wirken zu lassen. Im Juni oder September kann man einen Badeurlaub am Meer mit einem Kulturtrip nach Florenz verbinden.

Jeden Abend eine andere Veranstaltung, tagsüber oft unerträgliche Hitze – ob die Stadt im **Hochsommer** eine Reise wert ist, muss jeder für sich entscheiden. Im Juli und August kehren die Bewohner – wenn möglich – ihrer heißen Stadt in Richtung Meer oder Berge den Rücken. Wer hier bleibt, kann aus einem reichhaltigen Programm auswählen: Jazz-, Rock- und Klassikkonzerte, Theater- und Ballettaufführungen, Kino im Freien und zahlreiche Flaneure bringen nachts Leben in die am Tag vor sich hindösende Stadt.

Sommerspecial

Günstige Zeit mit Florence easy: Vom 1. Juli bis 31. August bieten über 100 Hotels günstige Festpreise (zu 59, 79, 99, 149 €) für ein Doppelzimmer inklusive Gratis-Busticket und kostenlosen bzw. vergünstigten Eintrittskarten an. Informationen unter: www.firenzeturismo.it

Anreise

Mit der Bahn
Von München, Wien, Genf und Zürich verkehren nachts durchgehende Züge nach Florenz und zurück. Die meisten halten am Bahnhof Campo di Marte (Firenze C.M.). Vom Hauptbahnhof Santa Maria Novella (Firenze S.M.N.) verkehrt nur nach Zurich ein durchgehender Zug. Für Reisen von München steigt man in Verona oder Bologna, von Wien in Venedig/Mestre und vom Westen Deutschlands in Mailand um. Im Sommer gibt es Autoreisezüge von Wien nach Florenz (www.oebb.at), von Hamburg, Hildesheim, Berlin und Düsseldorf nur bis Norditalien (www.dbautozug.de).

Mit dem Auto
Von der gebührenpflichtigen Autostrada del Sole führen die Ausfahrten Firenze-Nord, Firenze, Firenze-Scandicci, Firenze-Certosa und Firenze-Sud in die Stadt.

Die Innenstadt ist für den privaten Autoverkehr gesperrt, Parkplätze am Rande des Zentrums für Touristen sind blau gekennzeichnet und gebührenpflichtig. Es gibt Sondertarife für Reisende, die in Florenz übernachten. Infos unter www.firenzeparcheggi.it (nur ital.).

! **Vorsicht beim Abstellen des Wagens:** Die Straßen werden nachts gereinigt und geparkte Fahrzeuge abgeschleppt. Auf Schildern sind die Nächte angegeben, in denen die jeweilige Straße an der Reihe ist.

Mit dem Flugzeug
Florenz hat den kleinen Flughafen Amerigo Vespucci in Peretola (6 km vom Zentrum; www.aeroporto.firenze.it). Direktflüge gibt es ab München, Frankfurt/M., Wien, Zürich und Genf. Der nächste größere Flughafen Galileo Galilei im 80 km entfernten Pisa (www.pisa-airport.com) wird direkt von Hamburg/Lübeck, Berlin, Frankfurt/Hahn, München, Köln-Bonn, Düsseldorf-Weeze, Memmingen und Wien angeflogen.

Verbindungen zum Hauptbahnhof Florenz: ab Flughafen Florenz mit Volainbus (4,50 €, www.ataf.net, www.sitabus.it); Taxi werktags 6–22 Uhr 20 €, So, Fei 22 €, nachts 23,30 €, + 1 € pro Gepäckstück.

Vom Flughafen Pisa: mit der Bahn vom Aeroporto Pisa für 5,60 € (www.trenitalia.it), mit dem Bus 10 € (www.terravision.eu).

Mit dem Bus
Zweimal wöchentlich verkehrt ein Fernreisebus zwischen Berlin und Florenz (Preis 130 € einfache Fahrt, 233 € Hin- und Rückfahrt), einmal wöchentlich von München (Preis 76 € bzw. 137 €); Abfahrt auch in vie-

Anreise

len weiteren deutschen Orten (www.touring.de). Auch von Graz, Klagenfurt und Wien können Sie mit dem Bus nach Florenz anreisen (www.fahrplan-online.de; Buchung in Österreich: Tel. 01/7 89 29 00).

Busreisen von der Schweiz nach Florenz haben verschiedene Gesellschaften im Angebot. Informationen erhält man u.a. unter: www.sellitto.com

Stadtverkehr

Die historische Altstadt ist weitgehend Fußgängerzone, große Teile des Zentrums sind für den privaten Autoverkehr gesperrt. Alle großen Sehenswürdigkeiten sind bequem zu Fuß erreichbar. Außerdem verfügt die Stadt über ein gut ausgebautes Bussystem. Im Zentrum verkehren auch elektrische Minibusse A, B, C, D (Info-Stellen der ATAF am Bahnhof, Westausgang, dort gratis Busnetzplan, www.ataf.net).

Mit Bussen unterwegs

Tickets für die orangefarbenen Stadtbusse – z.B. 70-Min.-Ticket für 1,20 €, Tageskarte für 5 €, 3-Tageskarte für 12 €, Firenze Passepartout (24-Std.-Ticket ATAF- und Sightseeing-Busse) für 22 € – erhält man in Bars, Tabacchi-Geschäften und an Kiosken. Die Tickets müssen im Bus entwertet werden.

Die Gesellschaft Lazzi (www.lazzi.it) fährt mit ihren Bussen alle Orte in der Umgebung von Florenz an. Die Fahrpläne Richtung Empoli finden Sie unter www.piubus.it, Richtung Pistoia unter www.blubus.it und www.copitspa.it, Richtung Meer www.vaibus.it, nach Valdarno www.etruriamobilita.it, Richtung Prato und Mugello www.capautolinee.it, Richtung Chianti unter www.lazzi.it sowie www.trainspa.it.

Stadtrundfahrten

 Stadtrundfahrten kann man im offenen Doppeldeckerbus unternehmen, bei dem man jederzeit zu- und aussteigen kann; Ticket 22 €, Kinder 5–15 Jahre 11 €, gültig für 24 Std. auch in den ATAF-Bussen; Piazza Stazione 1, Informationen über die Strecken und Haltestellen im Internet (www.firenze.city-sightseeing.it) und unter Tel. 0 55 29 04 51.

Stadtverkehr

Im Ruderboot geht es unter den Arnobrücken hindurch: Abfahrt Lungarno Generale Diaz, 12 €, Kinder bis 14 Jahre 5 €, Dauer 45 Min., Juni–Sept. Anmeldung unter: Tel. 34 77 98 23 56, www.renaioli.it

Fahrrad- und Rollerverleih

Warum nicht die Stadt und Umgebung mit dem Zweirad erkunden? Auf der Internetseite www.muoversiafirenze.it der Comune Florenz ist eine Karte der *Piste Ciclabili* (Fahrradwege bzw. mit dem Rad befahrbare Strecken) und eine Karte der Radverleihstellen für +Bici+Baci (*Noleggio bici*, s.u.) abrufbar. In Florenz gibt es verschiedene Anlaufstellen, an denen man Fahrräder und Motorroller mieten kann, z.B. bei:

■ **Alinari**
Via San Zanobi 38r][**Tel. 0 55 28 05 00**][**www.alinarirental.com**
Verleih von Fahrrädern, Motorrollern und Motorrädern.

■ **Florence by Bike**
Via S. Zanobi 120r][**Tel./Fax 0 55 48 89 92**][**www.florencebybike.it**
Radtouren in der Stadt, Ausflüge in die Umgebung, Fahrradverleih, auch Motorräder und -roller.

■ **+Bici+Baci**
Hauptbahnhof, Mai–Sept. Mo–Sa 7.30–19, So 9–19, Okt., Febr.–April Mo–Sa 7.30–19, Nov.–Jan. Mo–Fr 7.30–18, Sa ab 8.30 Uhr
Mercato Sant'Ambrogio, Mai–Sept. Mo–Sa 8.30–19, Okt., Febr.–April 7.30–19, Nov.–Jan. Mo–Sa 10–16 Uhr
Bahnhof Campo di Marte, Mo–Fr 7.30–9.30, 17.30–19.30 Uhr
Piazza Santa Croce, Mo–Fr 10–14 Uhr
Radverleih der Stadt. Leihgebühren: 1 Std. 1,50 €, 5 Std. 4 €, 1 Tag 8 €.

Mit dem Taxi

Ein Taxi kann man in Florenz u.a. unter folgenden Nummern bestellen: Tel. 0 55 42 42, 0 55 43 90, 0 55 44 99, 0 55 47 98. Die innerstädtischen Preise beginnen bei 3,30 € werktags, eine Fahrt kostet mindestens 5 €, jeder Kilometer 0,91 € bis hin zu 1,64 € bei außerstädtischen Fahrten. Für bestimmte Strecken gibt es Fixpreise. Die Taxis müssen im Auto eine Lizenz der Comune angebracht haben. Infos unter: www.4390.it

Mit dem Mietwagen

Sowohl am Flughafen in Florenz und Pisa als auch in der Stadtmitte von Florenz sind alle großen Mietwagenfirmen (Sixt, Hertz, Avis, Europcar, Maggiore u.a.) vertreten. Oft ist die Buchung in Kombination mit einem Flugticket günstiger. Pro Tag müssen Sie für einen Mittelklassewagen mit Kosten von 60 € rechnen.

Steigen Sie schon von zu Hause via sixt.de/ferien zu günstigen Preisen in Ihren Ferienmietwagen ein.

Special
Mit Kindern in der Stadt

Florenz mit Kindern? Bürgersteige, die nicht einmal die Breite eines Buggys aufweisen und Motorroller aus allen Richtungen, dazu stundenlange Besichtigungen von Kirchen und Renaissancepalästen … ein Wahnsinn! Dennoch behalten vor allem die Kleinen Florenz meist in bester Erinnerung, und das wird nicht nur an den unzähligen Eisdielen liegen.

Der Verkehr ist, entgegen dem ersten Eindruck, für Familien mit kleineren Kindern kein Problem, denn das Zentrum von Florenz gilt als Italiens größte Fußgängerzone. Fast der gesamte Innenstadtbereich zwischen Dom, Via del Proconsolo, Arno und Piazza della Repubblica wurde ebenfalls zur Fußgängerzone erklärt.

Ludotheken, Spielplätze und kleine Museen

Schon immer war das Ospedale degli Innocenti auf der Piazza SS. Annunziata den Kindern vorbehalten. Das antike Gebäude beherbergt auch heute noch eine öffentliche **Ludothek.** Dort sorgen Lese-, Spiel- und Krabbelräume für Abwechslung, und während die kleinen Touristen ihrem Bewegungsdrang freien Lauf lassen, kann sich zumindest ein Elternteil in Ruhe die nahe Galleria dell'Accademia anschauen.

Schwimmbäder

- Ein im Sommerhalbjahr geöffnetes Freibad ist **Bellariva, Lungarno Aldo Moro 6, Tel. 0 55 67 75 21.**
- Das größte Freibad der Stadt ist **Costoli, Tel. 0 55 6 23 60 27, am Viale Paoli,** beim Fußballstadion Campo di Marte.

Special][Kinder

Interessante **Spielplätze** findet man im Park der Piazza d'Azeglio (Nähe Synagoge), an der Piazza Tasso, im Park Borgo Allegri 18, an der Piazza Ciompi und ein kleiner an der Piazza della Indipendenza. Einen Überblick über alle Florentiner Grünflächen mit Spielplatz erhält man im Internet: http://verdeonweb.comune.fi.it

Oder möchten die Kinder vielleicht lieber die von Leonardo da Vinci ersonnenen Maschinen in der **Galleria Michelangiolo** › S. 92 bzw. im Museum **Il Genio di Leonardo** › S. 89 bewundern, die erstaunlichen Schrumpfköpfe des **Museo di Antropologia** › S. 98 oder einen lebensgroßen Reiterzug im **Museo Stibbert?** Viele der sehr interessanten kleineren Museen eignen sich für den Besuch mit Kindern schon deshalb, weil man den Touristenströmen aus dem Weg geht.

Sind die kürzeren Beine am Ende müde, kann man den Tag z.B. mit einer gemütlichen **Kutschfahrt** durchs Zentrum abschließen. Die Pferdchen warten vor dem Baptisterium und auf der Piazza della Signoria.

■ **Ludoteca Centrale**
Piazza SS. Annunziata 13
Tel. 05 52 47 83 86
Mo–Fr 9–13, 15–18.30,
Sa 9–13 Uhr, Juni/Juli
Mo–Fr 9.30–13,
16.30–20, Sa 9–13 Uhr,
Aug. geschl.

■ **Museo Stibbert**
Via F. Stibbert 26
www.museostibbert.it
Kasse Mo–Mi 10–13, Fr–So 10–17 Uhr, Führungen jede Stunde, Japanabteilung Fr 15, Sa 11, So 15 Uhr, Eintritt 6 €, bis 11 und über 65 Jahre 4 €; Bus 4 ab Bahnhof bis Haltestelle Giula.

Auf die Domkuppel

Für alle, die das touristische Kulturprogramm mit Rücksicht auf die Kinder etwas auflockern möchten, empfiehlt sich die Besteigung der Domkuppel. Eine aufregend schmale, ausgetretene Treppe führt zwischen den beiden Kuppelschalen sicher nach oben. Nach dem anstrengenden Aufstieg wird die ganze Familie mit einem unvergleichlichen Ausblick über die Stadt belohnt (Mo–Fr 8.30–19, Sa bis 17.40 Uhr, Kassenschluss 40 Min. früher, Eintritt ab 6 Jahre 8 €).

Bambini-Informationen

■ In allen **staatlichen Museen** ist für EU-Bürger unter 18 Jahren der Eintritt frei; in **kommunalen Museen** gibt es Ermäßigung für Kinder und Jugendliche zwischen 3 und 17 Jahren sowie Familienkarten › S. 138.

■ Infos zu **Kindertheater, Babysittern** u.a. findet man in der Rubrik »Ragazzi« des Veranstaltungsmagazins »Firenze Spettacolo«.

■ Öffentliche Toiletten mit **Baby-Wickelplatz:** Piazzale Michelangelo, Via Filippina (Borgo de' Greci), Borgo Santa Croce 29r (Infobüro), im Markt Sant'Ambrogio, Via dello Sprone (Nähe Palazzo Pitti) sowie am Piazzale Kennedy (Cascine-Park).

■ Schöne Spielzeugläden › S. 35

Unterkunft

Wohnen in einem Renaissancepalast? In Florenz und Umgebung kein Problem, wenn man über das nötige Kleingeld verfügt! Doch Florenz bietet auch günstigere Unterkünfte bis hin zur Jugendherberge und zum Campingplatz. Stark im Kommen ist Bed & Breakfast. Während der Hauptreisesaison, im Frühjahr und Herbst, ist eine Reservierung unbedingt nötig, ebenso während der großen Kulturevents ❯ S. 54 sowie zu den Modemessen. Im Hochsommer bieten viele, auch sonst teure Hotels Preisnachlässe und Last-Minute-Angebote.

Kostenlose Hotelreservierungen in Florenz tätigt das
Consorzio Informazioni Turistiche Alberghiere I.T.A.
Bahnhof Santa Maria Novella (gegenüber Gleis 16)
www.firenzealbergo.it
tgl. 8–19.30 Uhr

Luxioriöse Hotelklassiker

■ **Westin Excelsior**
Piazza Ognissanti 3
Tel. 05 52 71 51
www.westin.com/excelsiorflorence
Elegantes Fünf-Sterne-Hotel in einem Patrizierpalast direkt am Arno bei der Kirche Ognissanti. Luxuriöse Ausstattung und exzellenter Service, auch *Personal Shopping*-Begleiter. ●●●

■ **Helvetia & Bristol**
Via dei Pescioni 2][Tel. 05 52 66 51
www.hbf.royaldemeure.com
Stilvolles Grandhotel bei der Piazza della Repubblica; der exklusive Wintergarten hatte es bereits Gary Cooper angetan. ●●●

Mittelklasse

■ **Loggiato dei Serviti**
Piazza SS. Annunziata 3
Tel. 0 55 28 95 92
www.loggiatodeiservitihotel.it
Das an einem zauberhaften Platz gelegene Haus besitzt exquisit eingerichtete Zimmer. ●●–●●●

■ **Monna Lisa**
Borgo Pinti 27][Tel. 0 5 52 47 97 51
www.monnalisa.it
Edle Zimmer in einem Palast des 14. Jhs., in der Nähe des Teatro Pergola. Im Haus: die American Bar. ●●–●●●

■ **Morandi alla Crocetta**
Via Laura 50][Tel. 05 52 34 47 47
www.hotelmorandi.it
Das kleine, familienfreundliche Hotel bei San Marco befindet sich in den Gemäuern eines alten Konvents. ●●–●●●

Im Hotel Morandi alla Crocetta

Unterkunft

■ **Porta Rossa**
Via Porta Rossa 19
Tel. 0 55 28 75 51
www.hotelportarossa.com
Im Palazzo Torrigiani übernachtet man seit 1386 im zweitältesten Hotel Italiens. Es ist mitten im Zentrum beim Palazzo Davanzati gelegen. ●●–●●●

■ **Roma**
Piazza Santa Maria Novella 8
Tel. 0 55 21 03 66
www.hotel-roma-firenze.com
Angenehmes Hotel an der schönen Piazza in Bahnhofsnähe. ●● ●●●

■ **Orto dei Medici**
Via S. Gallo 30
Tel. 0 55 48 34 27
www.ortodeimedici.it
Bemalte Decken und Stuckornamente zieren dieses kleine Hotel in der Nähe des Marktviertels. ●–●●●

Einfach und gut

■ **Fiorino**
Via Osteria del Guanto 6
Tel. 0 55 21 05 79
www.hotelfiorino.it
Kleines, ruhiges Hotel nahe des Palazzo Vecchio. ●●

■ **Boboli**
Via Romana 63
Tel. 05 52 29 86 45
www.hotelboboli.com
Das sympathisch geführte, einfache Hotel Boboli beim gleichnamigen Giardino, bietet ein gutes Preis-Leistungs-Verhältnis. Praktisch: mit Parkplatz ●–●●

■ **Centro**
Via de' Ginori 17
Tel. 05 52 30 29 01
www.hotelcentro.net
Das Haus, in dem einst Raffael lebte, ist heute ein kleines Hotel mit hellen,

Preiswert und mit Charme übernachten

■ **Aprile**
Via della Scala 6
Tel. 0 55 21 62 37
www.hotelaprile.it
In stilvoll eingerichteten Zimmern schläft man in dem Palazzo dal Borgo aus dem 15. Jh., sehr romantisch ist der kleine Innenhofgarten. ●●

■ **Hotel Relais Il Cestello**
Piazza di Cestello 9
Tel. 0 55 28 06 32
www.relaisilcestello.it
Einst war das Haus eine alte Post- und Kutschenstation, heute beherbergt es ein kleines Hotel mit zehn schönen Zimmern im Viertel San Frediano, mit Blick auf den Arno. ●–●●

■ **Orcagna**
Via Orcagna 57][Tel. 0 55 66 99 59
www.hotelorcagnafirenze.it
Angenehm freundlich ist die Atmosphäre. Alle 18 Zimmer sind adrett eingerichtet und ruhig. Das Haus liegt in einem Wohnviertel. ●–●●

■ **Hotel Annalena**
Via Romana 34][Tel. 0 55 22 24 02
www.annalenahotel.com
Direkt beim Giardino di Boboli liegt dieses romantische, ruhige Hotel, beim Frühstück auf der Terrasse blickt man wunderschön ins Grüne. ●

■ **Sampaoli**
Via San Gallo 14
Tel. 0 55 28 48 34
www.hotelsampaoli.it
Das kleine Hotel Sampaoli mit nur zwölf hellen, nett eingerichteten, sauberen und ruhigen Zimmern ist ein freundlicher Familienbetrieb nicht weit von der Kirche San Lorenzo. ●

Unterkunft

Wunderschönes Zimmer in der Villa Torre di Bellosguardo

freundlichen Zimmern; nicht weit von San Lorenzo gelegen. ●–●●

■ **Santa Croce**
Via Bentaccordi 3
Tel. 0 55 21 70 00
www.hotelsantacroce.it
Nettes, unprätentiöses Hotel in unmittelbarer Nähe zur Kirche Santa Croce. ●–●●

■ **Residenza Johanna**
Via delle Cinque Giornate 12
Tel. 0 55 47 33 77
Via Bonifacio Lupi 14
Tel. 0 55 48 18 96
www.johanna.it
Bezaubernd eingerichtete kleine Hotels in alten Florentiner Palazzi, nördlich der Fortezza da Basso und südwestlich der Piazza della Libertà gelegen. ●

An der grünen Peripherie

■ **Torre di Bellosguardo**
Via Roti Michelozzi 2
Tel. 05 52 29 81 45
www.torrebellosguardo.com
Von dieser auf einem Hügel etwas südlich des Zentrums gelegenen Villa des 15. Jhs. mit großartigen, jeweils individuell gestalteten Zimmern genießt man einen herrlichen Ausblick auf Florenz. ●●●

■ **Villa Le Rondini**
Via Bolognese Vecchia 224
Tel. 0 55 40 00 81
www.villalerondini.it
Gepflegte Landvilla mit gut ausgestatteten Zimmern ca. 6 km nordöstlich von Florenz. Der weitläufige Park und das eigene Restaurant garantieren einen angenehmen Aufenthalt. ●●●

Jugendherbergen

■ **Archi Rossi**
Via Faenza 94r
Tel. 0 55 29 08 04
www.hostelarchirossi.com
Neuere Herberge nahe dem Bahnhof. Der Übernachtungspreis schließt freien Internetzugang und einen geführten Stadtrundgang ein. ●

■ **Europa Villa Camerata**
Viale Augusto Righi 2/4
Tel. 0 55 60 14 51
www.ostellionline.org
Schöne Villa im Stadtteil Campo di Marte, Richtung Fiesole gelegen. Mit Campingplatz (ganzjährig geöffnet). ●

■ **Santa Monaca**
Via S. Monaca 6
Tel. 0 55 26 83 38
www.ostello.it
Zimmer in einem ehemaligen Kloster aus dem 14. Jh. im Viertel Oltrarno nahe der Piazza S. Spirito. ●

Essen und Trinken

Einfach, ohne ausgefallene Soßen und ohne extravagante Kreationen: Die toskanische Küche bewahrt ihre bäuerlichen Anklänge. Hier ein bisschen Rosmarin, dort ein wenig Knoblauch, die frischen Zutaten sollen ihr Aroma voll zur Geltung bringen. In der Toskana ist selbst das Brot salzlos. Wenn es in die Bratensoße getaucht wird, wenn eine kräftige *finocchiona* (Salami mit Fenchelsamen) darauf liegt oder das köstliche Olivenöl in die weiche Krume eindringt, trägt es dazu bei, deren Eigengeschmack zu unterstreichen.

Frisches Gemüse wie die Artischocken, Zucchini, Auberginen, Paprikaschoten, Spinat, Mangold, Fenchel, aber auch Kohlsorten, Hülsenfrüchte sowie kräftige Fleischstücke – die Basiselemente der toskanischen Küche sind rasch aufgezählt. Vermissen Sie die Nudeln? Die Toskaner lieben Suppen, die Pasta aus dem Süden und die Polenta des Nordens führen hier eher ein Schattendasein.

Man beginnt die Mahlzeit mit Crostini, gerösteten und mit Leberpastete, Pilzen oder Tomaten belegten Weißbrotscheiben. *Bruschette* und *fettunte,* oft nur in Olivenöl getaucht und mit Knoblauch eingerieben, schmecken als Antipasti (Vorspeisen). Bei den warmen Vorspeisen *(primi piatti)* ist die **Ribollita, aus Gemüse, Kohl und Brot,** mit Olivenöl abgeschmeckt, eine Köstlichkeit. *Pasta e fagioli*, ein Nudel-Bohnen-Eintopf, und Pappardelle mit Hasenragoutsoße *(sugo di lepre)* heißen die wenigen traditionellen florentinischen Nudelgerichte.

Als Hauptspeise *(secondo)* bevorzugen die Florentiner Fleisch. Vegetarier können auf *tortino di carciofi,* eine Art Omelett mit Artischocken, oder auf Pilze vom Holzkohlengrill *(funghi alla griglia)* ausweichen. *Lampredotto,* gekochter Kuhmagen, und *trippa,* gekochte Kutteln in Tomatensoße mit viel Parmesan, schmecken auch in einem *Panino* im Stehen und bilden das typische Florentiner Streetfood.

Hase *(lepre),* Wildschwein *(cinghiale)* oder Fasan *(fagiano)* wandern in Eintopfgerichte *(in umido);* Kaninchen *(coniglio)* mundet frittiert *(fritto)* am besten. *Arista,* ein Schweinebraten mit Kräutern aus dem Ofen, und die berühmte (mit Knochen zubereitete) *Bistecca alla fiorentina* sind traditionelle Fleischgerichte. Als Beilage *(contorno)* werden *fagioli all'uccelletto,* weiße Bohnen in Tomatensoße, oder *verdure fritte* (frittiertes Gemüse) gern serviert.

Und was wäre ein Essen ohne den vollmundigen Chianti-Wein? Die Toskana bietet eine große Vielfalt an Spitzenweinen. Seit über 30 Jahren pflanzen die führenden Winzer auch unklassische Rebsorten wie Chardonnay, Sauvignon oder Cabernet. Die großen

Essen und Trinken

Weingüter haben innovative Önologen eingestellt. Dies hat dazu geführt, dass die toskanischen Weine auf breiter Ebene einen Qualitätssprung gemacht haben.

Viele der innovativen Winzer setzten auf ein individuelles Produktimage, trotzten der Massenproduktion und brachten ihre neuen Kreationen als *Vini da Tavola* (Tafelweine) auf den Markt. So geschah es, dass einige der besten und teuersten Weine als Vini da Tavola in den Handel kamen, etwa der berühmte **Sassicaia**, **einer der ganz großen Rotweine Italiens**. Wegbereiter der großen neuen Rotweine der Toskana war der **Tignanello**. Wie inzwischen fast alle Spitzenprodukte reift er in Barriques, kleinen Eichenfässern. Zu den roten Spitzenweinen gehören auch der **Brunello di Montalcino**, der **Vino Nobile di Montepulciano**, der **Chianti Classico** und die **Carmignano**-Weine. Weißwein ist durch den **Vernaccia di San Gimignano** vertreten. Neben ihm und **Montecarlo Bianco** ist auch **Galestro** ein leichter Weißer, der überwiegend aus Trebbiano-Trauben gekeltert wird.

Der Dessertwein **Vin Santo** überrascht mit einer breiten Geschmackspalette, die von herb bis lieblich reicht. Im Restaurant wird er mit *Cantuccini* (Mandelgebäck) serviert.

Gut und günstig essen

■ Bei den **Fratellini** kann man an Werktagen wie die Florentiner eine günstige Mittagspause halten ≻ S. 67.
■ In der **Caffeteria Creativa** lassen sich Mo–Fr in Ruhe frische Kleinigkeiten genießen ≻ S. 78.
■ In der **Casa del Vino,** einer Florentiner Institution, kann man fantastische Panini zu exzellentem Wein verzehren ≻ S. 84.
■ In der **Caffeteria delle Oblate** lässt sich eine kleine Mahlzeit mit tollem Blick auf den Dom einnehmen ≻ S. 90.
■ Versäumen Sie es nicht, das günstige Mittagsbuffet im **Teatro del Sale** zu kosten ≻ S. 105.
■ Im Stadtteil Oltrarno sollte man bei **Gustapizza** unbedingt die absolut wohlschmeckenden Holzkohlenofenpizzas probieren ≻ S. 124.

Erlesene Tafelfreuden

■ **Enoteca Pinchiorri**
Via Ghibellina 87
(Nähe Santa Croce)
Tel. 0 55 24 27 77
www.enotecapinchiorri.com
Feinschmeckerlokal der Spitzenklasse: raffinierte toskanische Küche, große Weinkarte. Reservierung ratsam. So, Mo geschl., Di, Mi mittags geschl. ●●●
■ **Alle Murate**
Via del Proconsolo 16r
(Nähe Bargello)][Tel. 0 55 24 06 18
www.allemurate.it
Große Auswahl toskanischer Speisen; das Interieur vereint modernes Mobiliar und Fresken des 14. Jhs. Mittags und Mo geschl. ●●●

Typisch toskanisch

■ **Mamma Gina**
Borgo San Jacopo 37r
(Nähe Santo Spirito)
Tel. 05 52 39 60 09

Essen und Trinken

Bei Mamma Gina wird **gehobene Küche der Region in einem Palast des 15. Jhs.** serviert. So geschl. ●●●

■ **Dino**
**Via Ghibellina 51r
(Nähe Santa Croce)
Tel. 0 55 24 14 52**
Hervorragende Küche, basierend auf überlieferten Rezepten, und erlesene Weine. So, Mo Mittag geschl. ●●–●●●

■ **Enoteca Pane e Vino**
**Piazza di Cestello 3r
(Nähe San Frediano)
Tel. 05 52 47 69 56**
Typische Florentiner Speisen mit Fantasie, elegantes, aber informelles Ambiente, nur abends, So geschl. ●●–●●●

■ **Latini**
**Via Palchetti 6r
(Nähe Palazzo Rucellai)
Tel. 0 55 21 09 16**
Klassische toskanische Küche in rustikalem Ambiente, von der Decke hängen Schinken. Mo geschl. ●●–●●●

■ **Cantinone**
Via S. Spirito 6r][Tel. 0 55 21 88 98
Uriges größeres Kellerlokal mit typisch toskanischer Küche. Dazu wird ein sehr guter Chianti serviert. Mo geschl. ●●

■ **Trattoria NapoLeone**
**Piazza del Carmine 24
(Nähe Santa Maria del Carmine)
Tel. 0 55 28 10 15**
Pizza, Pasta und Bistecca in ansprechendem Interieur; mit Tischen im Freien. Mo–Sa nur abends 19–1 Uhr. ●●

■ **Osteria e Pizzeria dei Centopoveri**
**Via Palazzuolo 31r/Via della Porcellana 41r (Nähe Ognissanti)
Tel. 0 55 21 88 46**
Bietet seit 1910 ausgezeichnete toskanische und apulische Küche; günstige Mittagsgerichte. ●●

Im Teatro del Sale wird die typische Ribollita zubereitet

■ **Da Sergio**
**Piazza San Lorenzo 8r
(bei San Lorenzo)][Tel. 0 55 28 19 41**
In diesem Familienbetrieb kommt echt toskanische Küche auf den Tisch. So und abends geschl. ●

Einfach und gut

■ **Cibrèo**
**Via de' Macci 35
(Nähe Sant'Ambrogio)**
Beim berühmten Restaurant lockt die zugehörige kleine Osteria mit *pappa al pomodoro* (Tomatensuppe) oder *baccalà alla livornese* (Stockfisch in Tomatensoße) sowie köstlichen Desserts. So, Mo geschl. ●–●●

Trinkgeld

In Italien ist auf der Rechnung meist zusätzlich ein Betrag für *pane e coperto* (Brot und Gedeck) ausgewiesen (pro Person zwischen 1 und 3 €), manchmal auch ein Betrag für Bedienung (*servizio*, 10–15 % der Gesamtsumme). Rechnungen werden tischweise gestellt.

Essen und Trinken

■ **Baldovino**
Via S. Giuseppe 18r
(Nähe Santa Croce)
Tel. 05 52 34 72 20
Hier kann man die gute toskanische Küche oder auch nur einen Salat bestellen, dazu gibt es eine gute Weinauswahl. ●—●●

■ **Il Santo Bevitore**
Via di S. Spirito 66r
Tel. 0 55 21 12 64
Weinbar, exzellente Wurst- und Käsewaren, toskanische Spezialitäten in rustikalem Ambiente. So im Winter geschl. ●

■ **Enoteca Boccadama**
Piazza Santa Croce 25r
Tel. 0 55 24 36 40
Feine toskanische Gerichte zu über 400 Weinsorten; Tische in der Enothek und im Freien. ●

■ **Cantinetta dei Verrazzano**
Via de' Tavolini 18/20r
(Nähe Orsanmichele)
Tel. 0 55 26 85 90
Zwischen 8 und 21 Uhr ist die Cantinetta ideal für eine kleine Brotzeit und Verrazzano-Wein. **Hervorragend ist die Finocchiona,** eine mit Fenchel gewürzte Salami. So geschl. ●

■ **Pizzeria Mastro Ciliegia**
Via Palmieri 36r
(westlich des Palazzo Nonfinito)
Tel. 0 55 29 33 72
Nette Pizzeria mit Holzkohleofen; auch Tische im Freien. Im Winter Di geschl. ●

■ **Mario**
Via Rosina 2r
(Nähe Markt San Lorenzo)
Tel. 0 55 21 85 50
Kleine Trattoria mit ländlichen Gerichten. So und abends geschl. ●

Shopping

Artikel aus Leder, elegante Schuhe, Taschen, Gürtel und Geldbörsen, aber auch edle Mode und Accessoires gehören zu den Spitzenprodukten der florentinischen Industrie. Ob ein elegantes Kleid in einer teuren Boutique die Blicke anzieht oder man am Marktstand oder beim Straßenverkäufer ein paar günstige Sandalen erspäht – vor allem Touristinnen werden früher oder später den Versuchungen der Moda italiana erliegen.

 Auch Touristen werden für den Kauf **gefälschter Markenartikel** mit hohen Geldbußen bestraft.

Liebhaber origineller Schreibtischutensilien finden in kleinen Spezialgeschäften die schönsten Objekte aus marmoriertem Papier und mit feinen Mustern verziertes Briefpapier *(carta fiorentina).* Viele kleine Handwerksbetriebe, *botteghe,* bieten hochwertiges Kunsthandwerk an › Special S. 106.

Daheim tröstet man sich bei zu großer Sehnsucht nach Florenz am besten mit einer mitgebrachten Flasche Chianti, in Öl eingelegten Oliven, Artischocken oder getrockneten Tomaten und einem Salat mit dem toskanischen Olivenöl *extra vergine.*

Shopping

Leder & Schuhe

■ Peruzzi
**Borgo dei Greci 8r–14r und
Borgo Santa Croce 27r–32r**
Peruzzi ist bekannt für seine Lederjacken, -hosen, -taschen und Schuhe.

■ Bruscoli Francesco
Via Montebello 58r–60i
Das traditionsreiche Geschäft stellt seit 1881 Schreibtischutensilien aus Leder her.

■ Beltrami
Via della Vigna Nuova 70–72r
Ledertaschen und -schuhe für Leute mit dem nötigen Kleingeld.

■ Stefano Bemer
**Borgo San Frediano 143r
www.stefanobemer.com**
Handgefertigte stilvolle Schuhe.

■ Laudato
Via Santa Monaca 17r
Erschwingliche handgearbeitete Lederschuhe; große Auswahl an Sandalen.

■ Mondo Albion
Via Nazionale 121Ar
Verrückte handgemachte Schuhe, auch als Maßanfertigung.

■ Raspini
**Via Roma 29r, Via Martelli 7r und
Via Por S. Maria 70r**
Edle Kreationen von berühmten Firmen, prominente Stammkunden.

■ Bonora
Via del Parione 11r–15r
Das Geschäft stellt seit 1878 Schuhe in Maßanfertigung her.

■ Fontanelli
Borgo Ognissanti 80r
Taditionsreiches Ledergeschäft: Handtaschen mit dem besonderen Design.

■ Peluso
Via Proconsolo 49r
Italienische Schuhe, die hier gar nicht so teuer sind.

Stilvolle Schuhe im Showroom von Stefano Bremer

■ Calzoleria Benigni
Via Montebello 54r
Elegante Schuhe und Taschen aus eigener Herstellung.

Schmuck & Silber

■ Nava e Nencini
Via dello Sprone 4r
Origineller Schmuck und Goldschmiedearbeiten nach eigenen Entwürfen.

■ Giovanni Manetti
Borgo San Jacopo 55r
Typischer Florentiner Schmuck.

■ Angela Caputi
**Via Santo Spirito 58r und
Borgo SS. Apostoli 42r–44r
www.angelacaputi.com**
Extravaganter Modeschmuck der bekannten Florentiner Designerin.

■ Tharros Bijoux
**Via Condotta/Ecke Vicolo de' Cerchi
2r und Borgo SS. Apostoli 25r**
Modeschmuck – von echtem kaum zu unterscheiden.

■ Saudè
Via de' Ginori 12r
Schmuck aus Leder, mit großen Steinen und viel Metall.

Shopping

Köstlichkeiten bei Olio & Convivium

Mode

Die Boutiquen der italienischen Topdesigner säumen die **Via de' Tornabuoni** und die **Via della Vigna Nuova** sowie die Straßen rund um die Piazza della Repubblica. Junge Mode findet man in der Via Calimala südlich der Piazza und in der Via de' Cerretani beim Dom.

■ Giorgia Atelier
Via de' Ginori 58r
Individuelle Schneidermode von Giorgia Andreola.

■ Principe
Via del Sole 2
www.principedifirenze.com
Elegante Mode für Sie und Ihn in einem hübschen Geschäft.

Loretta Caponi
Via delle Belle Donne 28r
www.lorettacaponi.com
Exklusive Mode für die Kleinen.

■ Quelle Tre
Via Santo Spirito 42r
Junge, freche Schneidermode und Accessoires.

■ Le Conquiste
Borgo San Jacopo 27r
Klassisches und junges Kleiderdesign.

■ Le Bonille
Via de' Tosinghi 42r
Chic, tragbar, noch erschwinglich: Mode für Sie.

■ Patrizia Pepe
Piazza San Giovanni 11r
Junge Florentiner Mode mit dem gewissen Etwas.

■ BP Studio
Via della Vigna Nuova 15r
Junge Designer kreieren Bezahlbares für den Alltag mit Eleganz.

■ Boutique Luisa
Via Roma 19r
Exzentrische Vitrinen im Inneren der dynamischen Mini-Boutique präsentieren den letzten Schrei der In-Labels.

■ Matucci
Via del Corso 46r (Donna)
Via del Corso 71r (Uomo)
Ausgesuchte Mode führender Marken mit Pfiff für Sie und Ihn.

■ Prada
Montevarchi (südlich von Florenz)
Ortsteil Levanella an der SS 69
Tel. 05 59 19 01
Fabrikverkauf der berühmten Modefirma (Mo–Sa 10–19, So 14–19 Uhr).

■ **Factory Outlets führender Marken** findet man rund um Florenz, z.B. von Gucci, Armani, Valentino, Ferragamo. Weitere Infos: www.outlet-firenze.com

■ Mehrere Outletshops versammeln **The Mall** und **Barberino Desinger Outlet** › S. 37.

Feine Wäsche & Stoffe

■ Ferrini
Via Porta Rossa 30r
Exklusive Spitzen und Wäsche für den ganz feinen Geschmack.

■ Loretta Caponi
Piazza degli Antinori 4r
www.lorettacaponi.com

Shopping

Dessous und feine Wäsche von ausgesuchter Qualität.

■ **Casa dei Tessuti**
Via de' Pecori 20–24r
www.casadeitessuti.com
Immens große Auswahl an Haute-Couture-Stoffen.

■ **Passamaneria Valmar**
Via Porta Rossa 53r
www.valmar-florence.com
Kordeln, Brokatkissen, Bordüren und Schneiderutensilien.

Bücher

■ **L. Gonnelli & F.**
Via Ricasoli 14r
Seit 1875 erwirbt man hier antiquarische Bücher, Drucke und Radierungen.

■ **Salimbeni**
Via Matteo Palmieri 14r
Kunst- und Literaturbände in allen europäischen Hauptsprachen.

■ **L'Ippogrifo**
Via Santo Spirito 5r
Feinste Kunstdrucke, nach alter Technik.

■ Weitere Adressen › S. 87, 126

Für die Schönheit

■ **Da Herbore**
Via del Proconsolo 43r
Tees und Kräuter, Getreide und Hülsenfrüchte aus biologischem Anbau.

■ **Profumeria Inglese**
Piazza dell'Olio 6r
Edle Düfte kann man hier seit 1843 erstehen.

■ **Erboristeria Palazzo Vecchio**
Via Vaccereccia 9r
Kosmetik, Seifen und Parfüms werden unter anmutigen Fresken präsentiert.

■ **Erboristeria dell'Antica Farmacia del Cinghiale**
Piazza Mercato Nuovo 4r
Kräuter für die Schönheit.

Öl, Wein & Delikatessen

■ **Millesimi**
Borgo Tegolaio 33r
Tel. 05 52 65 46 75
Riesige Auswahl an toskanischen Weinen (Mo–Fr 11.30–20, Sa ab 10 Uhr).

■ **La Pizzicheria »Mariano«**
Via del Parione 19r
Eine riesige Auswahl an köstlichen und zudem großzügig belegten Brötchen. Mariano gilt in der Stadt als der König der Panini.

Delikatessen-Shopping

■ **La Bottega dell'Olio**
Piazza del Limbo 2r
(bei SS. Apostoli)
Hier hat man die Qual der Wahl: Herrliches Olivenöl in 100 Variationen.

■ **Enoteca Per Bacco**
Borgo SS. Apostoli 23r
Hervorragende Weine in allen Preislagen, freundliche und fachkundige Beratung.

■ **Olio & Convivium**
Via Santo Spirito 4
Exzellente Weine und Delikatessen, zum Verspeisen vor Ort oder Mitnehmen, und natürlich über 100 herausragende Olivenöle. Mo abends und So geschl.

■ Wer durch die **Markthalle von San Lorenzo** spaziert, kommt sicher nicht ohne toskanische Spezialitäten heraus. Besonders gut kann man sich mit Wurstwaren eindecken › S. 86.

■ Wer es gerne frisch und direkt vom Erzeuger möchte, gern schaut und probiert, dem sei der **Bauernmarkt auf der Piazza Santa Croce** mit seinen frischen lokalen Produkten empfohlen › S. 103.

Shopping

Im Spezialitätenladen Perini auf dem Mercato San Lorenzo

■ Pegna
Via dello Studio 8
Köstliche eingelegte Artischocken und Pilze, Pastasoßen und edles Olivenöl, Wurstspezialitäten und Kaffee.

■ Emporio Amarù
Piazza Nazzario Sauro 14r (am Ponte alla Carraia)
Exklusiver Laden für Käse, Pasta, Weine, Liköre und Küchenutensilien.

Küche & Geschirr

■ Bartolini
Via dei Servi 24r–34r
Große Auswahl an Haushalts- und Küchenutensilien, von der Espressomaschine bis hin zu Plätzchenformen.

■ Cafissi
Borgo San Jacopo 47r

Echt gut! ==Küchen- und Wohnaccessoires aus nach alter Handwerkskunst dezent bemaltem Holz==.

■ La Rinascente
Piazza della Repubblica 1r–6r
Im 4. Stock der Kaufhausinstitution findet man pfiffige Küchenutensilien und schönes Geschirr.

■ Coin
Via del Corso 65r/ Via de' Calzaiuoli 56r
Im Untergeschoss des Kaufhauses erhält man klassisches italienisches Haushaltsdesign.

■ Mesticheria Mazzanti
Borgo la Croce 101r
Erstaunlich, dass so viele hübsche und nützliche Dinge auf so engem Raum unterzubringen sind …

■ Vice Versa
Via Ricasoli 53r
Kochdesign und Haushaltswaren auch von Alessi, fast zu schön zum Benutzen.

Einrichtung

■ Richard-Ginori
Verkaufsräume: Via Rondinelli 15r–17r
Exklusive Einrichtungsgegenstände und Geschirr erhalten sie an der ersten Adresse in Italien bei Richard-Ginori › Special S. 106.

■ Alvaro e Romano Ugolini
Via del Drago d'Oro 25r
Lampen und Leuchter im alten Stil.

Shopping

- **All'Arte di Bronzo**
Via del Sole 9r–13r
Messingarbeiten von Könnern, z.B. Lampen oder Türschilder.
- **Enne Ti**
Borgo San Frediano 44r
Lampen aus Schmiedeeisen und getriebenem Blech.
- **Kartell**
Borgo Ognissanti 52r
Leuchtend bunte Plastikstühle, -lampen und sogar Schuhe aus Plastik.

Spielzeugläden

- **Città del Sole**
Via dei Cimatori 21r
Besonders schönes Spielzeug.
- **Dreoni Giocattoli**
Via Cavour 31r/Via de' Ginori 38r
Riesige Auswahl an Spielzeug für alle Altersklassen.
- **La Tartaruga**
Borgo degli Albizzi 60r
Originelles Holzspielzeug und buntes Öko-Briefpapier.

Krimskrams & Mitbringsel

- **Art Store**
Piazza Duomo 50r
Florentiner Papier, Schmuck, Kunstbände und qualitätvolles italienisches Kunsthandwerk.
- **Twisted Jazz Shop**
Borgo San Frediano 21r
Riesige Auswahl an Jazz-CDs.
- **Solo a Firenze**
Borgo SS. Apostoli 37r
Bücher, verschiedene Mitbringsel, Stadtansichten von Florenz.
- **Ducci**
Lungarno Corsini 24r
Hüte, Stiche und Drucke, die Spezialität sind originelle und kunstvolle Artikel, die aus Lindenholz geschnitzt sind.

- **Signum**
Via dei Benci 29r
Raffiniertes rund ums Papier, auch Stempel.
- **Il Papiro**
Piazza del Duomo 24r
Via Cavour 55r][Via dei Tavolini 13r
Hier bekommt man alles aus marmoriertem Papier.
- **ControLuce**
Via della Vigna Nuova 89r
Der Laden bietet eine Auswahl an ausgefallenen kleinen Objekten, Leuchten und anderen Designartikeln.

Märkte in Florenz

- Mo–Sa vormittags Lebensmittel im **Mercato San Lorenzo** › S. 86, der zentralen Markthalle, und im **Mercato Sant'Ambrogio.**
- Tgl. (im Winter Mo geschl.) **Straßenmarkt vor San Lorenzo** › S. 86.
- Mo–Sa **Flohmarkt auf der Piazza de' Ciompi,** jeweils am letzten So im Monat größerer Markt auch in den umliegenden Straßen.
- Jeden Di vormittags Markt im **Cascine-Park:** alles für alle, vom Kochlöffel bis zu Schuhen (kein Touristenmarkt).
- Jeden Do (Sept.–Juni) **Blumenmarkt** an der Piazza della Repubblica unter den Arkaden.
- Jeden 2. So im Monat (außer Juli/Aug.) **Antiquitätenmarkt** auf der Piazza Santo Spirito.
- Jeden 3. Sa und So im Monat (außer Juli/Aug.) **Bioprodukte** auf der Piazza Santo Spirito.
- Jeden 1. Sa im Monat (außer Juli/Aug.) **Bauernmarkt** auf der Piazza Santa Croce › S. 103.

Special
Pucci, Gucci & Co.

Gekrönte Häupter aus ganz Europa besorgten sich schon vor Jahrhunderten die Brokat- und Seidenstoffe für ihre Prunkgewänder am liebsten in Florenz. In Bildergalerien und an Kirchenwänden bewundert man das stilvolle Auftreten der Florentiner Oberschicht und die Eleganz ihrer prachtvollen Kleidung. Seit fast 600 Jahren säumen Kleider- und Ledergeschäfte die Straßen um den einstigen Marktplatz Piazza della Repubblica. Heute wie damals offerieren sie die Spitzenprodukte der florentinischen Industrie: Schuhe, Taschen, Gürtel, Geldbörsen und hochwertige Mode mit den dazugehörigen Accessoires.

Mode auf Märkten
Für etwas unentschlossene Kunden locken die Produkte der Modeindustrie auch an unzähligen Marktständen. Es lohnt sich, über die Märkte zu flanieren und sich ein bisschen umzusehen, denn man kann hier sehr modische und billige Sachen finden. Oft liegt Modisches auch auf den Tüchern der Straßenverkäufer aus – einfach unmöglich, diese Stadt ohne ein neues Paar Schuhe oder eine schicke Ledertasche zu verlassen. Auf dem Straßenmarkt vor San Lorenzo wird Kleidung angeboten (tgl., Winter Mo geschl., › S. 86)

Vorsicht vor **Markenpiraterie:** Der Kauf gefälschter Markenwaren ist verboten und wird mit Geldbußen von bis zu 10 000 € bestraft.

Luxus-Shopping auf der Modemeile
Unzählige Designergeschäfte und Boutiquen rund um die Piazza della Repubblica führen mit ex-

Special][Mode

klusiv gestalteten Schaufenstern in Versuchung. Alta Moda und die passenden Accessoires verkaufen neben den einheimischen Stilisten Gucci, Roberto Cavalli und Emilio Pucci auch Filialen von Prada, Armani, Versace, Ferré, Furla, Dolce & Gabbana und Trussardi in der Via de' Tornabuoni, der Modemeile, oder in den Vie della Vigna Nuova, de' Tosinghi und degli Strozzi um die Ecke. Der Schaufensterbummel gleicht dem Besuch einer Mailänder Modenschau. Dennoch sollte man sich nicht von der noblen Atmosphäre der Geschäfte einschüchtern lassen. Treten Sie ruhig ein und sehen Sie sich in den Modeboutiquen um!

Modemuseum und Schuhpalast

Die **Galleria del Costume**, Italiens einziges Modemuseum, zeigt in den königlichen Sälen im Palazzo Pitti Kleider vom 16. Jh. bis heute, darunter Gewänder des Großherzogs Cosimo I. und seiner Gemahlin Eleonora da Toledo.

Der Schuhmode gewidmet ist dagegen das **Museo Salvatore Ferragamo**. Nachdem er sich in Hollywood als »Schuhmacher der Stars« einen Namen gemacht hatte, ließ sich Ferragamo 1927 in Florenz nieder und baute in einem noblen Stadtpalast sein Schuhimperium auf. Im kleinen Firmenmuseum sind besonders extravagante Kreationen zu sehen, die für Greta Garbo, Audrey Hepburn oder Madonna maßgefertigt wurden.

■ **Galleria del Costume**
Palazzo Pitti
Juni–Aug. tgl. 8.15–19.30, Nov.–Febr. bis 16.30, März–Mai, Sept. bis 18.30, Okt. bis 17.30 Uhr, 1. und letzter Mo im Monat geschl.

■ **Museo Salvatore Ferragamo**
Via de' Tornabuoni 2
Mi–Mo 10–18 Uhr, Eintritt 5 €, unter 10, über 65 Jahren gratis.

Outlet-Shops

Adressen und Informationen über Outlet-Verkauf rund um Florenz: www.outlet-firenze.com

■ **The Mall Outlet Center**
Via Europa 8
50060 Leccio di Regello
25 km südlich von Florenz
Tel. 05 58 65 77 75
www.outlet-the-mall.com
Toplabel von Armani bis Valentino, radikal reduzierte Preise. Tgl. 10–19 Uhr

■ **Barberino Designer Outlet**
Barberino del Mugello
ca. 30 km nördlich von Florenz
Tel. 0 55 84 21 61
www.mcarthurglen.at/about/ outlets/barberino.php
100 exquisite Shops, deren Architektur von Renaissance-Villen inspiriert ist. Di–So 10–21, sommers Mo 14–19 Uhr

Einblicke

Percorsi di Moda a Firenze ist eine interessante Initiative der Stadt Florenz zur Besichtigung der Modeateliers und Schneidereien, der Museen rund um die Mode, von November bis Juni. Man schaut den Designern und Stilisten in die Werkstatt. Infos unter: www.florenceartfashion.com

Am Abend

Florentiner gönnen sich gern gutes Essen im Restaurant. Und sonst? Man geht einen Aperitif (s.u.) trinken, der absolute In-Trend der Stadt. Praktisch jede Bar, jedes Café und viele Restaurants bieten ab 18.30 bzw. 19 Uhr einen Drink und viele Kleinigkeiten, fast schon zum Sattessen.

Pubs

Sehr beliebt bei der internationalen Jugend sind die englischen und irischen Pubs, die am Tag günstige Mittagsgerichte, früh am Abend Happy Hour bieten und spät nachts voller Leben sind.

■ The Lions Fountain
Borgo degli Albizi 34r
Typisches irisches Pub; vor allem am Wochenende ist es sehr voll (tgl. 18–2.30 Uhr).

■ The Old Stove
Via Pellicceria 2r
(Nähe Piazza Repubblica)

> ### Aperitif-Klassiker
>
> Der *Aperitivo* ist auch in Florenz ein Muss. Zu den Klassikern zählen: **Caffè Sant'Ambrogio** (Piazza Sant'Ambrogio 7r), **Dolce Vita** (Piazza del Carmine 6r), **Il Rifrullo** (Via San Niccolò 57r), **H&B** (Via de' Pescioni 8r), **Slowly** (Via Porta Rossa 63r), **Moyo** (Via de' Benci 23r), **Noir** (Lungarno Corsini 12r–14r), **Negroni** (Via dei Renai 17r), **Popcafé** (Piazza Santo Spirito 18Ar).

Besonders im Sommer sind die Plätze draußen heiß begehrt; bei Guinness und Kilkenny lernt man Leute aus aller Welt kennen (tgl. 10–2 Uhr).

■ Caffè L'Antico Mercato
Piazza del Mercato Centrale 20
Bier und Panini von 9 bis 3 Uhr.

■ Birreria Centrale
Piazza dei Cimatori 2r
Pub, auch mit hausgebrautem Bier und bayerischer Küche.

■ The Friends' Pub
Borgo San Jacopo 51r
Großes gemütliches Pub, natürlich Guinness. Tgl. 14–2 Uhr.

Kino

Im Sommer finden am **Parterre** und beim **Stadion** Filmvorführungen im Freien statt. Filme in Originalversion zeigt das **Odeon** meist Mo, Di und Do **(Piazza Strozzi, www.cinehall.it)**.

Theater und Konzerte

Die Theater der Stadt spielen von Oktober bis April. In den Spielpausen finden auch Klassikkonzerte sowie Musikveranstaltungen anderer Sparten statt.

■ Teatro Comunale
Opernhaus, Corso Italia 16
Tel. 0 55 21 35 35, 19 90 99 10
www.maggiofiorentino.com
Fungiert auch als Stammhaus des *Maggio Musicale Fiorentino*.

■ Teatro della Pergola
Via della Pergola 18
Tel. 0 55 22 64 33 53-364
www.teatrodellapergola.com
Wunderschönes altes Theater.

Am Abend

■ **Teatro Verdi**
Via Ghibellina 99r
Tickets Via Ghibellina 91r
Tel. 0 55 21 23 20
www.teatroverdifirenze.it
Konzerte, Theater- und Kinoaufführungen in stilvoll ausgestattetem Haus

Teatro Puccini
Via delle Cascine 41
Tel. 0 55 36 20 67
www.teatropuccini.it
Komödien, Kabarett und Konzerte.

Livemusik

Zu den beliebtesten Aufführungsorten für Rock- und Popmusik sowie für alternativere Veranstaltungen wie Installationen oder Performance-Kunst zählen:

■ **Auditorium Flog**
Via M. Mercati 24/b
Tel. 0 55 48 71 45][**www.flog.it**
Saal für 1000 Leute und rund 150 Konzerte im Jahr.

■ **Mandela Forum**
Viale Paoli 3][**Tel. 0 55 67 88 41**
www.mandelaforum.it

■ **Saschall**
Via Fabrizio De André/Ecke Lungarno A. Moro][**Tel. 05 56 50 41 12**
www.saschall.it

■ Viele Musikvereine besitzen kein festes Haus für Konzerte, sind aber in der Florentiner Szene präsent. Dazu gehören die **Accademia Musicale di Firenze** (www.accademiamusicaledifirenze.it), das **Orchestra da Camera Fiorentina** (www.orcafi.it) sowie das **Orchestra Regionale della Toscana** (www.orchestradellatoscana.it).

■ Der beste Musikveranstalter für Jazz-, Elektronik- und alternative Konzerte ist **Musicus Concentus** (www.musicusconcentus.com).

Diskotheken

■ **Meccanò**
Viale degli Olmi 1
Am Eingang des Cascine-Parks, **absolut in: Tanzen unter der Glashalle.**
Restaurant ab 21.30, Disco 23–4 Uhr.

■ **Central Park**
Via Fosso delle Macinate 2
Disko am Eingang des Cascine-Parks.
[!] Im **Cascine-Park** sollten Frauen nachts nicht alleine unterwegs sein.

■ **Jazz Club**
Via Nuova de' Caccini 3
Tel. 05 52 47 97 00
www.jazzclubfirenze.com
Live-Jazz ab 22 Uhr, junges Publikum.

■ **Mamma**
Lungarno Santa Rosa
Tel. 05 52 33 67 76
Art Café, Bistro und Disko in einem kleinen Park am linken Arnoufer.

■ **Jaragua**
Via dell'Erta Canina 12r
Tel. 05 52 34 65 43
Musica Latina, mit schöner Terrasse, oberhalb des Stadttors San Miniato.

■ **Tenax**
Via Pratese 46r][**www.tenax.org**
Disko mit vielseitigem Programm, auch Livemusik-Konzerte. In Flughafennähe.

■ **Stazione Leopolda**
Viale Fratelli Rosselli 5
www.stazione-leopolda.com
Die **futuristisch umgestaltete Bahnhofshalle** aus dem 19. Jh. ist heute ein beliebtes Veranstaltungszentrum.

Ticketvorverkauf

Tickets für viele Veranstaltungen erhält man bei: **Box Office**, Via L. Alamanni 39, Tel. 0 55 21 08 04, www.boxofficetoscana.it, www.boxol.it

Land & Leute

Steckbrief][Geschichte im Überblick][
Die Menschen][Kunst und Kultur][
Feste und Veranstaltungen

Steckbrief
Florenz

gut 1,55 Mio. in den Uffizien (Rang 3 der meistbesuchten Museen Italiens)
Stadtwappen: Schwertlilie (Giglio)
Stadtpatron: Johannes der Täufer (San Giovanni, Feiertag 24. Juni)
Landesvorwahl: 00 39
Zeitzone: MEZ
Währung: Euro (€)

Geografische Lage: 11°15' östlicher Länge, 43°47' nördlicher Breite
Fläche: 102 km²
Verwaltung: Hauptstadt der Toskana und der Provinz Florenz
Einwohner: im Stadtbereich 364 700 (3575 Einw./km²), über weitere 200 000 in den Vororten
Besucher: jährlich 10,9 Mio. Übernachtungen in der Provinz Florenz;

Lage

Malerisch breitet sich das Häusermeer der toskanischen Hauptstadt nur 50 m ü.d.M. in der weiten Ebene des Arno aus, der durch den Ponte Vecchio dem Meer im Westen entgegenströmt. Die auf über 1000 m ansteigenden Berge des Apennin im Norden und Osten bilden mit den sanften grünen Hügeln, die sich im Süden bis ins Chianti-Gebiet erstrecken, eine malerische Kulisse für die schlanken Kirchtürme und trutzigen Paläste im Tal. Der Zauber, den Florenz ausübt, entsteht aus diesem Zusammenspiel von strenger Architektur und stets präsenter toskanischer Landschaft.

Charles Dickens fasste seine Begeisterung über Florenz in die Worte: »Wie viel Schönheit erfährt man, wenn man an einem lieblichen klaren Morgen von einer Anhöhe auf Florenz hinabblickt! Da liegt es vor uns in dem sonnendurchfluteten Tal, durchflossen von dem sich dahin windenden leuchtenden Band des Arno. Seine Kuppeln, Türme und Paläste erheben sich aus der üppigen Landschaft als eine schimmernde Masse und glänzen in der Sonne wie Gold.« Die Villen wohlhabender Florentiner zieren die Hügel, bilden mit ihren prächtigen Gärten einen fließenden

Übergang zu den Olivenhainen, Schirmpinienwäldern und Weinbergen der Umgebung.

Umwelt

Das große Freilichtmuseum der Renaissance, in dem Touristen fasziniert von einer Kirche zum nächsten Museum spazieren, erleben die Einwohner immer öfter ganz anders: So musste der Bürgermeister auch im Jahr 2009 wiederholt Alarm geben. Wie anderswo gilt der private Autoverkehr als Hauptverursacher der gravierenden Umweltprobleme, in Florenz wird die Situation noch durch die abgeschlossene Kessellage verstärkt. Man sieht im Zentrum bereits Rad- und Motorradfahrer mit Atemschutzmasken. Schon lange leidet Florenz unter viel zu starkem Verkehrsaufkommen und enormen Smog- und Ozonbelastungen. Leuchttafeln an den Zufahrtsstraßen in die Stadt weisen auf Ozonalarm und Fahrverbote hin.

Die Stadtverwaltung erarbeitet zwar laufend neue Vorschläge, aber bisher schlugen diese in schönster Regelmäßigkeit fehl. Die Sperrung der Innenstadt für Privatautos seit 1988 verringerte den Schadstoffausstoß kaum, da sich der Verkehr nun auf die Viali, die Ringstraßen um das Zentrum, konzentriert. Auch die Regelung, dass an bestimmten Tagen nur Autos mit gerader bzw. ungerader Kennzeichennummer fahren dürfen, zeigte nur wenig Wirkung – in den meisten italienischen Familien gibt es zwei Autos.

Es besteht zudem die Möglichkeit, ein völliges Fahrverbot über das Stadtgebiet zu verhängen – was schon mehrfach geschah. Die Gefährdung der Gesundheit der Menschen und die Schäden an den einzigartigen Bauwerken, wo wegen des sauren Regens die meisten Originalskulpturen durch Kopien ersetzt werden mussten, erfordern Einschränkungen.

Wirtschaft

Viele denken bei der Florentiner Wirtschaft gleich an exklusive Mode von Gucci oder elegante Schuhe von Ferragamo. Aber auch unzählige kleine, weniger bekannte Handwerksbetriebe überleben dank hochwertiger Produkte und innovativen Designs. Antiquitäten, Lederwaren, Textilien, Steinmetz-, Tischler-, Bronze- und Juwelierarbeiten zählen zu den Aushängeschildern eines traditionellen, seit dem 18. Jh. international gefragten Handwerks, das jedoch kaum Arbeitskräfte bindet.

Handel und Bankwesen florieren in Florenz, das zudem ein attraktiver Veranstaltungsort für Messen ist. Und Florenz ist eine Dienstleistungsstadt. Rund 11 000 Menschen verdienen ihren Lebensunterhalt im Tourismus. Rund 80 % der arbeitenden Bevölkerung der Stadt finden ihr Auskommen im Dienstleistungssektor. Neben dem Tourismus garantieren die Präsenz der Regional-, Provinzial- und Stadtverwaltung sowie die Universität den Florentinern Arbeitsplätze und damit einen gewissen Wohlstand.

Geschichte im Überblick

Ende 4000/Anfang 3000 v. Chr. Erste Siedlungsspuren an der Arno-Furt.
10.–8. Jh. v. Chr. Villanova-Kultur im Arnotal.
5. Jh. v. Chr. Etrusker gründen Fiesole an einem Hügel.
59 v. Chr. Cäsar siedelt Veteranen in *Florentia* an; der Name stammt von der Göttin Flora, in deren Festzeit die Gründung fiel.
2. Jh. n. Chr. Zur Zeit Kaiser Hadrians (117–138) entstehen die Thermen, Theater und Amphitheater; Erneuerung der Via Cassia.
Ende 3. Jh. *Florentia* ist Hauptstadt der Regionen *Tuscia* und Umbrien.
Völkerwanderungszeit Allgemeiner Niedergang, Florenz wird aber in den Wirren nicht völlig zerstört.
570–774 Langobarden beherrschen die Toskana; aufgrund der Nähe zur Reichshauptstadt Pavia wird Lucca Sitz des Herzogs. Florenz liegt nicht an der Frankenstraße nach Rom und gerät ins Abseits.
774 Karl der Große erobert das Langobardenreich. Beginn eines von den deutschen Kaisern geförderten demografischen und wirtschaftlichen Aufschwungs in Florenz.
Um 1000 Markgraf Hugo verlegt seine Residenz von Lucca nach Florenz und verleiht der Stadt neue Bedeutung.
11. Jh. Baptisterium, San Miniato al Monte und eine neue Stadtmauer (1078) werden gebaut.
12. Jh. Selbstregierung der Stadt als Kommune; Beginn der Expansion ins Umland mit der Eroberung Fiesoles (1125); Kaufleute und Handwerker organisieren sich in Zünften *(arti)*.
13.–14. Jh. Aufstieg zur führenden Macht in der Toskana und zur europäischen Großstadt (um 1300: 100 000 Einw., Rom 30 000 Einw.); wirtschaftlicher Aufschwung, vom Mittelmeer bis England trifft man auf Florentiner Kaufleute; repräsentative Großbauten wie Dom und Palazzo Vecchio entstehen; es toben heftige Auseinandersetzungen um die Macht im Inneren; ständige Kriege mit den Rivalinnen Siena, Pisa und Lucca.
1406 Florenz erobert Pisa.
1434 Cosimo de' Medici übernimmt die Macht.
15. Jh. Florenz ist das wichtigste europäische Kulturzentrum; unter Cosimo und seinem Enkel Lorenzo il Magnifico erreicht die Renaissance ihren Höhepunkt.
1532 erhält Alessandro de' Medici die Stadt nach einem republikanischen Zwischenspiel von Kaiser Karl V. als erbliches Herzogtum.
1555 Mit der Eroberung Sienas schließt Florenz den Aufbau eines Regionalstaates in der Toskana ab.

Geschichte im Überblick

16. Jh. Unter Cosimo I. (1537 bis 1574) wird Florenz Residenzstadt des Herzogtums Toskana (ab 1569 Großherzogtum) und verliert damit seinen eigenständigen Charakter.

17. Jh. Unaufhaltsamer Niedergang von Florenz und Toskana.

1737 Tod des letzten Medici Gian Gastone; die Toskana fällt an Herzog Franz von Lothringen, Gemahl der österreichischen Kaiserin Maria Theresia.

1765–1790 Unter dem aufgeklärten Großherzog Pietro Leopoldo werden bedeutende Reformen durchgeführt. Im Rahmen der sog. *grand tours* von Bildungsreisenden aus ganz Europa wird Florenz zu einem beliebten Reiseziel.

1799–1814 Französisches Intermezzo: Napoleonische Truppen erobern Italien, 1801 wird Florenz die Hauptstadt des Königreichs Etrurien, das unter der Regentschaft von Napoleons Schwester Elisa 1807 mit Frankreich vereint wird.

1859 Großherzog Leopold II. verlässt freiwillig die Stadt, die Einwohner schließen sich in einem Volksentscheid 1860 dem neuen italienischen Königreich an. Erstmals überschreitet die Einwohnerzahl wieder 100 000.

1865–1870 Hauptstadt Italiens; Neugestaltung des Zentrums.

20. Jh. Ausdehnung der Stadt bis zu den Hügeln; Entstehung des Industrieviertels Rifredi.

1944 Frontverlauf am Arno, Zerstörung aller Brücken bis auf den Ponte Vecchio.

Das Baptisterium (11. Jh.) ist eines der ältesten Gebäude der Stadt

1966 Verheerende Arno-Überschwemmung: das Wasser steht meterhoch in der Innenstadt.

1993 Bombenanschlag nahe den Uffizien; fünf Menschen werden getötet und viele Kunstwerke z.T. erheblich beschädigt.

2001 Wie in Verona oder Venedig werden Besucher auch in Florentiner Kirchen zur Kasse gebeten. Santa Croce, Santa Maria Novella und San Lorenzo verlangen Eintritt.

2004 Wiederwahl des linksdemokratischen Bürgermeisters Leonardo Domenici.

2005 Die Regionalwahlen gewinnt die Mitte-Links-Koalition problemlos, die Neokommunisten verzeichnen Stimmenzuwächse.

2009 Nach jahrzehntelanger Schließung ist das Museo Bardini wieder geöffnet.

Juni 2009 Bei der Bürgermeisterwahl gewinnt der erst 34-jährige Matteo Renzi von der Mitte-Links-Partei *Partito Democratico* die Stichwahl mit 58,8 %.

Die Menschen

Die echten Florentiner werden immer weniger! Wenn nicht bereits 37 600 Ausländer in der Stadt leben würden, dann ginge die Einwohnerzahl noch rapider zurück. Denn die Attraktivität von Florenz als Wohnort schwindet, immer weniger Menschen wollen, oder können, in der Stadt leben. Allein von 1991 bis 2001, dem Jahr der letzten italienischen Volkszählung, verlor Florenz 11,7 % seiner Bevölkerung. Der Trend setzte sich auch in den vergangenen Jahren fort: 2005 lebten noch 368 100 Menschen in der Arnostadt, Ende 2008 nur noch 364 700.

Die Gründe liegen nicht allein in der – wie in ganz Italien – rückläufigen Geburtenrate. Eine Rolle spielen auch die starke Umweltbelastung und die Internationalisierung der Stadt. Florenz zählt mittlerweile zu den teuersten italienischen Städten, und so manche ziehen daher lieber in den Mugello nördlich von Florenz, in die umgebenden Hügel oder in einen Vorort. Daher verwundert es nicht, dass die dortigen Gemeinden eine Bevölkerungszunahme weit über dem Toskana-Durchschnitt aufweisen.

Konträre Lebensgefühle

Elegant gekleidete ältere Damen, nicht minder gestylte Jugend – wer durch die Stadt schlendert, wird ganz sicher den Geschmack der Florentiner bewundern. Die schlichte Vornehmheit, die auch die Formensprache der Florentiner Paläste und Skulpturen prägt, spiegelt sich im Kleidungsstil der Bewohner wider. Florenz ist schließlich neben Mailand die wichtigste Modestadt Italiens. Glanz und Selbstbewusstsein

Die Florentiner

Curzio Malaparte (1898–1957) beschreibt in seinem Buch »Verdammte Toskaner« die Florentiner aus der Sicht der Prateser, die von den Florentinern immer noch gerne als Vorortbewohner gesehen werden, obwohl Prato seit 1993 die Hauptstadt einer eigenen Provinz ist: »Ihre Haut würden sie [die Prateser] verschenken, wenn sie nur die Florentiner nachahmen könnten, ihre Art, den Hut zu tragen, die Krawatte zu knoten, zu gehen, zu sprechen, zu lachen; wenn sie etwas von ihren sprühenden Einfällen und Launen haben könnten, den spöttischen Ausdruck, die Schlagfertigkeit im Lachen und Reden – sodass du nicht weißt, ob sie dich meinen, und du dich bereits für tot hältst, obgleich du noch nicht einmal verwundet bist – wie gerne würden sie die Eleganz und die fröhliche verrückte Art kopieren, die die Florentiner zum seltsamsten, liebenswürdigsten und am meisten gefürchteten Volk Italiens machen.«

des 15. Jhs. retteten die Florentiner bis in die heutige Zeit – nicht nur auf dem Gebiet der Mode. Das aristokratische Lebensgefühl übertrug sich auf das Bürgertum, und noch heute gibt es in keiner italienischen Stadt so viele »geschlossene Gesellschaften«; nur eine Klubkarte gewährt Zutritt. Auswärtige Studenten klagen oft, dass sie zwar jede Menge Studenten aus ganz Italien kennenlernen, aber keinen einzigen echten Florentiner. Diese Abschottung, die einhergeht mit einer ausgesprochenen Liebenswürdigkeit, bietet der Stadt wohl die einzige Möglichkeit, so etwas wie ein ursprüngliches Eigenleben zu bewahren.

Im Sommer hört man in den Bars, Restaurants und auf den Straßen oft mehr Englisch als Italienisch. Selbst die Essgewohnheiten der Bewohner wurden beeinflusst: Neben Fast-Food-Ketten bieten immer mehr einheimische Bars mittags kleine Imbisse statt vollständiger Menüs an. Dabei hätte bis vor ein paar Jahren kein Florentiner seinen Teller *Ribollita* in einer Trattoria für einen Salat im Stehen eingetauscht.

Kunst und Kultur

Das Stadtzentrum legten die Römer an, man erkennt die typisch römische rechtwinklige Straßenführung um das ehemalige Forum (jetzt Piazza della Repubblica). Römische Mauer- und Mosaikreste sind neben Teilen einer frühchristlichen Basilika unter dem Dom zu besichtigen. Die römischen Funde im Archäologischen Museum stammen meist nicht aus Florenz.

Romanik

Wie aus dem Nichts wurden Baptisterium und San Miniato al Monte im 11. Jh. errichtet, als Florenz wieder machtvoll die Bühne der Geschichte eroberte. Die klare Gliederung mittels Rundbogen, Säulen und Pilastern, auffallende Gesimse, streng geometrisches grünweißes Marmordekor ohne jeden Skulpturenschmuck heben diese Bauwerke ab; der Unterschied zu den romanischen Kirchen SS. Apostoli und Santo Stefano al Ponte ist augenfällig. Noch Brunelleschi hielt das Baptisterium für ein antikes Gebäude. Man spricht von der Protorenaissance, da ein Hauptideal der Renaissance – die Antikennähe – bereits verwirklicht wurde.

Gotik

Nach diesem glänzenden Auftakt versank Florenz wieder in Bedeutungslosigkeit, die Nachbarstädte trumpften auf. In der Malerei beeinflussten Luccheser und Sieneser Künstler die Szene, in der Bildhauerei

Kunst und Kultur

Palazzo Pitti: Residenz der Medici

gaben die Pisaner den Ton an. Dann brachten im 13. Jh. die Zisterzienser die Gotik aus dem Norden in die Toskana und lösten in Florenz einen Bauboom aus: Die neu gegründeten Bettelorden der Dominikaner (Santa Maria Novella), Franziskaner (Santa Croce), Serviten (SS. Annunziata), Karmeliter (Santa Maria del Carmine) und Humiliaten (Ognissanti) errichteten im 13. Jh. ihre Gotteshäuser mit breiten Mittelschiffen, offenen Dachstühlen und aneinandergereihten Querhauskapellen. Zwar fehlt der deutschen und französischen Kathedralen eigene Drang nach oben, Spitzbogenfenster und Kreuzgratgewölbe sind aber stets vorhanden.

Erneute kulturelle Blüte

Die Machtübernahme durch die Zünfte in der zweiten Hälfte des 13. Jhs. schuf die politischen und wirtschaftlichen Voraussetzungen in Florenz, um auch auf künstlerischem Gebiet die Führung in der Toskana zu übernehmen. Zudem sollte die Verschönerung der Stadt allen die »gute« Regierung der Prioren vor Augen führen. Die Pläne des Stadtbaumeisters Arnolfo di Cambio (um 1245–1302) für Dom, Palazzo Vecchio und Santa Croce prägen bis heute das Stadtbild; gotische Prestigebauten wie die Loggia del Bigallo, Orsanmichele und die Loggia dei Lanzi säumten in der zweiten Hälfte des 14. Jhs. die als monumentale Prachtstraße geplante Achse Dom–Palazzo Vecchio.

Zeitgleich mit Arnolfo arbeitete der Maler Cimabue (um 1240–1302). Seine Figuren zeichnen sich durch eine Zartheit aus, die den stilisierten Körpern der bis dato byzantinisch beeinflussten Malerei fehlt.

Mit Giotto wurde die Bildfläche erstmals dreidimensional; die mittelalterliche Vorstellung von überirdischer Realität – manifestiert in stark abstrahierten Madonnen vor Goldhintergrund – wich einer neuen Wirklichkeitsnähe; seine Szenen spielen in zeitgenössischer Architektur. Licht-Schatten-Effekte betonen die Plastizität des menschlichen Körpers. Mit Giotto wurde die Malerei zur wichtigsten künstlerischen Disziplin in Florenz.

Gotische Eleganz prägt die Bilder von Maso di Banco, Bernardo Daddi und Taddeo Gaddi. Andrea Orcagna, sein Bruder Nardo di Cione sowie vor allem Giottino, Giovanni da Milano und Spinello Aretino führten den farbenfrohen gotischen Stil zu großer Detailtreue. Agnolo Gaddi (Taddeos Sohn) schilderte in seinen Bildern auch Alltagsszenen;

das Schönheitsideal Lorenzo Monacos bildet den Übergang zur Frührenaissance.

Renaissance

Eine Revolution in der Kunst löste die Neuorientierung an antiken Idealen aus, einhergehend mit dem vom Humanismus geprägten neuen Menschenbild und einer neuen Sicht der Wirklichkeit. Die Gemälde zeigten die Menschen naturgetreu und mit lebendigem Ausdruck in bekannten Landschaften und Architekturkulissen, Szenen aus dem Alltag, selbst vorchristliche und mythologische Themen wurden nun ins Bild gesetzt. Die neu entdeckte Perspektive und mathematische Berechnungen ermöglichten eine klare Raumaufteilung, die Bilder gewannen an Tiefe, Bauten wurden harmonisch gegliedert. Porträts, Akte, frei stehende Skulpturen, die Verwendung glasierter Terrakotta, die Flachreliefs, Zentralbauten – all dies kannte die Antike und wurde in der Renaissance »wieder geboren«.

Die Medici

Der Aufstieg einer einfachen Kaufmannsfamilie zum Fürstengeschlecht konnte sich nur in einer dynamisch wachsenden Stadt wie dem Florenz des 13. und 14. Jhs. vollziehen. Ihr Glück machten die Medici als Verwalter der Gelder des Vatikans; kein anderer Staat verfügte über vergleichbare finanzielle Einkünfte aus ganz Europa. Trotz ihres Reichtums zählten die Medici zum Popolo, unterstützten im 14. Jh. demokratische

Familiengeschichte(n)

Giovanni di Bicci (1360–1429), der Auftraggeber von San Lorenzo, war der Stammvater des Medici-Clans. Sein erstgeborener Sohn Cosimo de' Medici (1389–1464) übernahm 1434 nach seiner Rückkehr aus der Verbannung die Herrschaft über den Regionalstaat. Bis zu Piero de' Medici, dem Sohn von Lorenzo il Magnifico, klappte die Nachfolge reibungslos. Als dieser 1503 verstarb, musste sein Bruder einspringen – nur war der inzwischen Kardinal und seit 1513 Papst Leo X. geworden. Nach dem Tod Leos (1521) blieb nur ein noch dazu illegitimer Neffe von Lorenzo il Magnifico als Nachfolger übrig, auch dieser seit 1523 als Clemens VII. auf dem Heiligen Stuhl. Und obwohl das im 16. Jh. keine Selbstverständlichkeit war, verschied Clemens VII. 1534 kinderlos. Sollten die Medici nun etwa aussterben? Die bedrohte Dynastie besann sich schließlich auf einen zweiten Sohn von Giovanni di Bicci, Lorenzo (1395–1440), ein Bruder Cosimos de' Medici. Von ihm stammte in direkter Linie Giovanni dalle Bande Nere (1498–1526) ab, der in martialischer Pose und römischer Uniform vor der Kirche San Lorenzo sitzt. Auf ihn gehen die Medici-Großherzöge des 16. Jhs. zurück. Deren erster war sein Sohn Cosimo I.

Kunst und Kultur

Tendenzen, hielten sich sonst aber politisch zurück. Die Medici förderten Künstler, Philosophen und Literaten, Florenz wurde zum Zentrum der Renaissance und des Humanismus.

Entwicklung der Architektur

Verantwortlich für diesen Aufschwung war Filippo Brunelleschi (1377 bis 1446); der Baumeister der Domkuppel gilt gleichzeitig als Erfinder der Zentralperspektive. Mit der Alten Sakristei in San Lorenzo (1422 bis 1429) schuf er den ersten vollkommenen Zentralbau seit der Antike, zu seinen schönsten Bauten zählt die genau berechnete Pazzi-Kapelle in Santa Croce. Mathematische Berechnungen liegen auch dem Portikus des Ospedale degli Innocenti, den Kirchen San Lorenzo und Santo Spirito zu Grunde. Allein durch natürliches Licht erhellte Architektur sollte hier für Ehrfurcht sorgen – eine Absage an die bunten Glasfenster der Gotik. Einzig Leon Battista Alberti (1404–1472), der 1452 auch das erste Architekturtraktat der Renaissance über antikennahes Bauen schrieb, kann mit seinem Palazzo Rucellai und der Fassade von Santa Maria Novella neben Brunelleschis Meisterwerken bestehen. Michelozzo (1396 bis 1472) schuf mit dem Palazzo Medici-Riccardi das Vorbild für den Florentiner Patrizierpalast des 15. Jhs.

Bahnbrechende Bildhauer

Führender Bildhauer der Frührenaissance ist Donatello (1386–1466); nicht allein sein psychologisches Einfühlungsvermögen und seine Ana-

Fresken

Der Freskenzyklus Ghirlandaios in der Hauptkapelle von Santa Maria Novella, die großartigen Fresken von Benozzo Gozzoli im Palazzo Medici-Riccardi; in fast jeder Beschreibung einer Sehenswürdigkeit der Stadt tauchen die Fresken auf. Das italienische *affresco* stand Pate für dieses eingedeutschte Wort. *Al fresco* malen bedeutet, die Farben auf eine dünne Schicht noch feuchten (*fresco* = frisch) Putzes aufzutragen und nicht, wie bis ins 13. Jh. üblich, auf die trockene Wand. Die Pigmente dringen in die feuchte Oberfläche ein, die dabei entstehende chemische Reaktion der Pigmente mit dem Kalk verleiht den Farben ihre Leuchtkraft. Da Putz schnell trocknet, konnten die Künstler täglich nur kleinere Abschnitte der oft riesigen Fresken ausführen. Um das Gesamtwerk nicht aus den Augen zu verlieren, fertigten sie auf einer gröberen unteren Putzschicht, *arriccio* genannt, mit rotem Farbstoff eine Vorzeichnung an, die nach diesem Farbstoff *sinopia* heißt. Sie blieb unter der zweiten Kalkschicht sichtbar. Bei Restaurierungsarbeiten kamen einige dieser Sinopien zum Vorschein und geben Zeugnis von den oft bemerkenswerten Fähigkeiten der Renaissancemaler, wie etwa die Sinopien Andrea del Castagnos im Cenacolo di Sant'Apollonia.

tomiekenntnisse zeichnen ihn aus. Neuerungen wie die Wiedererfindung des Flachreliefs und die Anwendung der Perspektive darin (Hl. Georg, Orsanmichele), die erste frei stehende Aktfigur (David, Bargello) und das erste Reiterstandbild seit der Antike (Padua) sowie die Wiedereinführung von Terrakottastatuen weisen ihn als zentralen Kopf der Entwicklung zur Hochrenaissance aus. Seine naturnahe Darstellungsweise – er zeigte den Evangelisten Johannes als Greis und Maria Magdalena als betagte, reumütige Sünderin (beide Dommuseum) – erschlossen der Bildhauerei neue Wege. Nach einer Romreise 1430/31 mit Brunelleschi zum Studium römischer Originale schuf er die einzigartige Sängertribüne (Dommuseum).

Donatellos Maria Magdalena

Lorenzo Ghiberti (1378–1455) tat sich mit den Bronzeportalen des Baptisteriums hervor. Zu den großen Künstlern der Epoche zählt auch Luca della Robbia (1399–1482), dessen wunderschöne Terrakotta-Arbeiten (Bargello, Dom) dieser Technik zum Durchbruch verhalfen.

Nachfolgende Bildhauer entwickelten die Ansätze ihrer Vorgänger weiter; verspielter und ausgeschmückter, mit stärkerer Betonung der Sinnlichkeit entstand in der zweiten Hälfte des 15. Jhs. ein heiterer Stil, gefördert von einer reichen, lebensfrohen Aristokratie, die wie die Künstler von den neuen Idealen des Humanismus beseelt war. Hauptvertreter dieser Richtung ist Andrea del Verrocchio (1435–1488) mit seinem reizenden Putto (Palazzo Vecchio) und dem großartigen Porträt »Dame mit Blumenstrauß« (Bargello); auch Desiderio da Settignano (1428–1464), Antonio del Pollaiolo (1431–1498), Mino da Fiesole (1430–1484), Antonio Rossellino (1427–1479) und Benedetto da Maiano (1442–1497) gehören dazu.

Die Malerei der Renaissance

Masaccio schließlich revolutionierte die Malerei im 15. Jh. mit der Einführung der Zentralperspektive, großem psychologischem Einfühlungsvermögen und der Realitätsnähe des gemalten Raums in seinen

Fresken (Santa Maria Novella, Brancacci-Kapelle in Santa Maria del Carmine).

Die unvergleichlich zarten Bilder Fra Angelicos (um 1400–1455), die weit über Masaccio hinausgehende Detailgenauigkeit von Paolo Uccello (1397–1475), der im Schlaf geäußert haben soll: »Welch süßes Ding ist doch die Perspektive« (Kreuzgang, Santa Maria Novella), die Porträts Andrea del Castagnos (1423–1457) belegen – Masaccios bedeutendste Nachfolger fanden zu einem eigenen Stil.

In der zweiten Jahrhunderthälfte setzte sich – wie in der Bildhauerei – auch hier ein erzählender, detailfreudigerer, heiterer Stil durch. Farbenfroh schilderte der Schüler Fra Angelicos, Benozzo Gozzoli (1420 bis 1497), weltliche und biblische Szenarien; Filippo Lippi (1406–1469) stellte Menschen voller Würde und Anmut in den Mittelpunkt; die gesellschaftliche Elite der Stadt porträtierte detailgenau in großartiger Landschaft bzw. Architektur Domenico Ghirlandaio (1449–1494); Sandro Botticelli (1445–1510) nahm mythologische Themen auf (»Frühling«, »Geburt der Venus« in den Uffizien); Filippino Lippi (1457–1504) bezauberte mit seinen Altartafeln.

Rom erobert die Vormachtstellung

Die erbitterte Konkurrenz der Florentiner Patrizierfamilien schuf die Voraussetzungen für diese einzigartige Blüte der Kunst. Mit der Machtübernahme der Medici-Päpste und -Großherzöge und dem wirtschaftlichen Niedergang des Adels fehlte das stimulierende Wetteifern. Die Kunstszene verlagerte sich, Rom bildete im 16. Jh. ihr Zentrum, Kardinäle und Päpste standen dort in einem ähnlichen Wettbewerb.

Mit Leonardo da Vinci (1452–1519), Michelangelo Buonarroti (1475–1564) und Raffael (1483–1520) erreichte die Renaissance in Florenz ihren Gipfel und ihr Ende – Leonardo ging 1506 nach Frankreich, Raffael und Michelangelo nach Rom (1508 bzw. 1534).

Der Urbiner Raffael suchte von 1504 bis 1508 Anregungen in Florenz. Seine lieblichen Madonnen zeigen dichte Räume und Formen, stellen die geistige Aussage in den Mittelpunkt. Nebensächlichkeiten wie Architektur und Landschaft treten – wie bei der »Madonna della Seggiola« (Palazzo Pitti) – wieder in den Hintergrund.

Michelangelo Buonarroti

Michelangelo muss man sich als Besessenen vorstellen, der mit aller Kraft den Stein bearbeitete – er war der erste Bildhauer, der selbst nach Carrara ging, um seinen Marmor auszusuchen. Seinen Skulpturen ist eine gewisse Schwere eigen, als würden die Körper mit dem Stein ringen (»Bacchus« im Bargello, »Prigioni« in der Accademia). Nur »David« (Accademia), die größte Marmorfigur seit der Antike, tritt durch seine Geistigkeit aus dem irdischen Verhaftetsein heraus. Den Maler

Kunst und Kultur

Michelangelo bewunderte man in Rom (Fresken in der Sixtinischen Kapelle), als Architekt hinterließ er auch in Florenz nachhaltige Spuren (Biblioteca Laurenziana, Neue Sakristei).

Manierismus

Die Suche nach emotionaler Ausdruckskraft durch die Bewegung, die Michelangelo mit den wuchtigen Körpern in verdrehten Haltungen in den Medici-Kapellen vorwegnahm, ist das Hauptthema der Maler und Bildhauer des 16. Jhs. Formenvielfalt, zunehmende Spannung und die Nachahmung der Raffinesse der Antike – nicht mehr ihrer Klassik – kennzeichneten den Manierismus. Jacopo da Pontormo (1494–1557) malte in nuancenreichen Farbtönen Figuren von neuer plastischer Fülle (Santa Felicita), sein Schüler Agnolo Bronzino (1503–1572) zeigte in kühlen, ungemein eleganten Staatsporträts, was von den Höflingen seiner Zeit verlangt wurde (Uffizien).

Giorgio Vasari (1511–1574), Bartolomeo Ammannati (1511 bis 1592) und der großartige Bernardo Buontalenti (1536–1608) bauten nicht nur für die Medici-Großherzöge; sie legten ihre Gärten an, organisierten ihre Feste und verliehen dem Zeitgeist der fürstlichen Repräsentationskultur in grotesken Schöpfungen Ausdruck. Neben Benvenuto Cellini (1500–1571) hatte nun erstmals auch ein Ausländer, der Flame Giambologna (1529–1608), als Bildhauer Erfolg in Florenz.

Gratis besichtigen *Echt gut!*

- Eine der großen Schöpfungen des meisterlichen Renaissance-Architekten **Brunelleschi**, seinen lichtdurchfluteten Kirchenraum mit der bereits Richtung Barock weisenden Kapellenkonstruktion, sehen Sie in **Santo Spirito** › S. 123.

- Ein feierliches Fresko der Renaissance vom Lieblingsmaler der damaligen High Society, **Ghirlandaio**, mit Lorenzo il Magnifico im Bild, wartet in der **Kirche Santa Trinità** › S. 75.

- Die besten Künstler der ausgehenden Florentiner Renaissance und des Manierismus, **Andrea del Sarto, Franciabigio, Pontormo** und **Rosso Fiorentino**, malten den hübschen Kreuzgang der **Kirche SS. Annunziata** aus: Heute fast ein kleines »Museum« des Manierismus › S. 93.

- **Andrea del Castagnos** zauberhaftes **Abendmahlsfresko im Cenacolo di Sant'Apollonia** überwältigt durch seine Festlichkeit, die ausgestellten Sinopien zeigen auch seine zeichnerischen Fähigkeiten › S. 86.

- Ein großartiges **Abendmahlsfresko** bezeugt, wie wichtig den Ordensbrüdern der **Kirche Ognissanti** die Gestaltung ihres Refektoriums war – ein absoluter Meister wie **Ghirlandaio** bewies hier sein Können. Auch ein feines Fresko vom berühmten Renaissancemaler **Botticelli**, den **hl. Augustinus**, kann man hier besichtigen › S. 112.

- Die revolutionäre Farbgebung **Pontormos** lässt sich wunderbar an dem **orangenen Enkel** in der Cappella Capponi in der **Kirche Santa Felicita** nachvollziehen › S. 118.

Feste und Veranstaltungen

Festkalender

Ostersonntag: Scoppio del Carro. Ein mit Feuerwerkskörpern beladener vergoldeter Wagen aus dem 17. Jh. wartet zwischen Dom und Baptisterium darauf, beim Gloria der Auferstehungsmesse von einer mechanischen Taube entzündet zu werden. Fliegt die Taube vom Altar zum Wagen ohne Probleme das Seil entlang, wird es ein gutes Jahr.

April: Mostra internazionale dell'Artigianato. Man erhält einen kompletten Überblick über die Produktion des toskanischen Handwerks. Aussteller aus der ganzen Welt bereichern diese wichtige Messe in der Fortezza da Basso (www.mostraartigianato.it).

April/Mai: Festival Fabbrica Europa. Zeitgenössische Kunst aus 35 Ländern: Theater, Tanz, Musik und Installationen in der Stazione Leopolda (www.ffeac.org).

Mai/Juni: Maggio Musicale Fiorentino. 1933 gegründete Veranstaltungsreihe mit Konzert-, Ballett- und Opernaufführungen, in denen internationale Stars des jeweiligen Bühnenfachs brillieren (www.maggiofiorentino.com).

Sonntag nach Christi Himmelfahrt: Festa del Grillo. Beliebtes Familienfest im Cascine-Park.

Juni: Calcio Storico. Bei dem traditionellen Fußballwettkampf treten auf der Piazza Santa Croce Mannschaften der vier ältesten Stadtteile von Florenz gegeneinander an. Den in Kostüme des 16. Jhs. gekleideten Akteuren ist vieles erlaubt, was nach heutigen Regeln mit lebenslangem Spielverbot geahndet würde. 2006 ging es jedoch so rüde zu, dass der Präfekt der Stadt das Event für 2007 absagte. 2009 fanden reine Demonstrationsspiele statt. Ein riesiges Feuerwerk auf dem Piazzale Michelangelo beschließt traditionell die Feierlichkeiten.

Nottarno. In der zweiten Junihälfte findet die *Notte Bianca* in Oltrarno statt – mit Musik, Events, Veranstaltungen und Märkten, die lange Nacht dauert von 21 bis 3 Uhr.

Juni/Juli: Estate Fiesolana. Musik (Jazz), Prosa, Theater und Kino an Schauplätzen in ganz Fiesole, u.a. im antiken Amphitheater (www.estatefiesolana.it).

Juni–Anfang August: Opera Festival. Opernfestival im Giardino Boboli (www.festivalopera.it).

Juni–September: Estate Fiorentina. Musik, Tanz und Events abends am Parterre (19.30–1.30 Uhr); Strandleben am Lungarno Serristori, Kultur und Kino auf der Piazza Ghiberti.

7. September: Festa della Rificolona. Beim Laternenfest ziehen Kinder aus allen Stadtteilen mit ihren bunten Laternen von der Piazza SS. Annunziata zum Arno.

September/Oktober: Biennale dell'Antiquariato. Eine der wichtigsten Antiquitätenausstellungen

Feste und Veranstaltungen

Italiens (nur in ungeraden Jahren, www.mostraantiquariato.it).
Oktober/November: Musica dei Popoli. Einen Monat lang Konzerte von Musikern aus aller Welt (www.musicadeipopoli.com).
Oktober–April: Konzerte, Ballett-, Opern- und Theateraufführungen im Teatro Comunale und in anderen Häusern der Stadt.
November: Festival dei Popoli. Kinofestival im Palazzo dei Congressi. Die Filme werden in Originalfassung mit italienischen Untertiteln gezeigt (Programm: www.festivaldeipopoli.org).
Festival della Creatività. Viertägiges, spartenübergreifendes Kulturfestival in der zweiten Novemberhälfte in den Gemäuern der Fortezza da Basso (Programm: www.festivaldellacreativita.it).

Programminfos

Über das aktuelle Veranstaltungsprogramm informieren das Tourismussamt APT (www.firenze turismo.it ↗ S. 138), die Tageszeitungen »La Nazione« und »La Repubblica«, die Zeitschriften »Florence Concierge Information« und »Zero Firenze« (italienisch, für junges Publikum, http://firenze.zero.eu) sowie die Monatshefte »Informacittà« (gratis bei der Touristeninfo, www.informacittafirenze.it) und »Firenze Spettacolo« (www.firenzespettacolo.it).

Italienisch für Anfänger

Ein Italien-Aufenthalt ist umso schöner, wenn man auch die Sprache ein wenig beherrscht. Neben Sprachkursen werden in Florenz aber auch beispielsweise Kurse im Kochen und Malen angeboten. Eine Auswahl:

■ **Centro di Cultura per Stranieri dell'Università di Firenze**
Via Francesco Valori 9][Tel. 05 55 03 27 03][www.ccs.unifi.it
Günstige Sprach- und Kulturkurse, empfehlenswert für Leute mit Abitur, staatliche Einrichtung.

■ **Schule Koinè**
Via dei Pandolfini 27][Tel. 0 55 21 38 81][www.koinecenter.com
In kleinen Gruppen lernt man in der, in deren Unterricht Wert auf die italienische Kultur des 20. Jhs. gelegt wird.

■ **A. B. C.**
Palazzo Malvisi][Via de' Rustici 7][Tel. 0 55 21 20 01][www.abcschool.com
Sehr engagierte Schule.

■ **Scuola Leonardo da Vinci**
Via Bufalini 3][Tel. 0 55 26 11 81][www.scuolaleonardo.com
Italienischunterricht, Kochen, Malen, auch Wein-, Design- und Modekurse.

■ **Cordon Bleu**
Via di Mezzo 55r][Tel. 05 52 34 54 68][www.cordonbleu-it.com
Der Name ist französisch, die Kochkunst original italienisch, Unterricht u.a. in Englisch, abwechslungsreiches Kursangebot.

Unterwegs in Florenz

Entdecken Sie die einzelnen Stadtteile – jeweils mit den schönsten Touren, allem Sehens- und Erlebenswerten, Hotel-, Restaurant-, Nightlife- und Shoppingtipps

Der historische Kern

Nicht verpassen!

- Den Blick vom Campanile über Florenz genießen
- Die berühmten Renaissancekünstler im Dombaumuseum bewundern
- In der Via de' Tornabuoni bummeln gehen
- Eine Schokolade im Café Rivoire auf der Piazza della Signoria trinken
- Am Abend über den Ponte Vecchio spazieren
- Mit einem Aperitif in einer Nobelbar den Abend stilvoll beginnen

Zur Orientierung

Nirgendwo sonst auf der Welt existiert eine derartige Dichte an Bauten, Bildern und Skulpturen aus der Renaissance wie im Herzen von Florenz, das die UNESCO als einmaliges geschlossenes Gesamtensemble zum Weltkulturerbe erklärt hat. Der historische Kern deckt sich mit dem römischen *Florentia,* wie die rechtwinklige Straßenanlage zwischen Via de' Tornabuoni im Westen, Via del Proconsolo im Osten, dem Domplatz im Norden und dem Arnoufer im Süden noch gut erkennen lässt.

Tausende von Besuchern spazieren hier täglich vom Domplatz über die Touristenmeile Via de' Calzaiuoli zum Sitz der weltlichen Herrschaft an der Piazza della Signoria: Die farbige Monumentalität des Doms, des Campanile und des Baptisteriums steht in einem beeindruckenden Gegensatz zur strengen Amtsmacht des Palazzo Vecchio und der noblen Leichtigkeit der Loggia dei Lanci. Man kann hier das schönste Dombaumuseum der Toskana und eine der größten Gemäldegalerien der Welt besuchen.

Massive Adelspaläste setzen architektonische Akzente – weltbekannte Topdesigner haben hier, in der Via de' Tornabuoni und rund

Innenhof des Palazzo Vecchio: am Abend stimmungsvoll beleuchtet

um die großartige Piazza della Repubblica, ihre edlen Boutiquen angesiedelt, die zum Kauf verführen. Südlich der Piazza locken die großen internationalen Modeketten ein breites Publikum in ihre Läden. Die traditionsreichen Cafés laden zu Cappuccino und kalorienbewusstem *Light Lunch,* neue, hochgestylte Bars zum abendlichen *Aperitivo* und kleine Lokale zu den preisgünstigen klassischen Panini.

Im historischen Kern schlägt der Puls der Arnostadt, hier trifft man auf die elegant gekleidete Florentiner High Society ebenso wie auf eine internationale Besucherschar, ein bunt gemischtes Publikum, das sich in den Seitengassen vor unzähligen Läden verliert – selbst mitten im von Touristen dauerbelagerten Zentrum!

Die Uffizien beherbergen eine der bedeutendsten Gemäldesammlungen der Welt

Touren im historischen Kern

Vom Dom zum Palazzo Vecchio

– ❶ – ***Baptisterium ›
**Dom › **Campanile ›
Loggia del Bigallo › **Dombaumuseum › Casa di Dante ›
*Orsanmichele › *Piazza della Signoria › **Palazzo Vecchio ›
*Loggia dei Lanzi › ***Uffizien › *Ponte Vecchio

Dauer: 6 Stunden (ohne Besichtigung der Uffizien)
Praktische Hinweise: Die Tour führt durch die Fußgängerzone von Florenz. Den Domplatz erreicht man in 10 Min. vom Bahnhof zu Fuß. Achten Sie auf Ihre Wertsachen in und an den stark frequentierten touristischen Höhepunkten. Wer lange Wartezeiten an den Uffizien vermeiden möchte, reserviert seine Tickets bei Firenze Musei › S. 138.

***Baptisterium

Zu den ältesten Gebäuden der Stadt zählt das Baptisterium. Die Ursprünge des achteckigen Baus (zwischen dem 4. und 8. Jh.) liegen bis heute im Dunkeln. Im 11. Jh. erhielt die Taufkapelle ihr heutiges Aussehen. Ihre vollkommene Harmonie und klare Linienführung machten sie zu einem der eindrucksvollsten Zeugnisse der Florentiner Protorenaissance, die wegen ihrer antiken Ideale als Vorläuferin der eigentlichen Renaissance des 15. Jhs. gilt. Selbst Dante und Brunelleschi hielten das Baptisterium für einen Bau der Antike: Man traute dem Mittelalter etwas derart Formvollendetes nicht zu. Die Besonderheit ist das Zusammenspiel von architektonischer Struktur und Marmordekor: Die streng geometrisch gegliederten Flächen aus weißem und grünem Marmor benötigen keinen Skulpturenschmuck; die klassische Linienführung der über zwei Geschosse laufenden Rundbogen und der geometrischen Verkleidung würde dadurch nur an Zauber verlieren.

Ein Muss ist der Blick ins Innere des Baptisteriums. Die reiche **Marmorverkleidung** der Wände, die byzantinisch beeinflussten Muster des **Fußbodens** überraschen. Doch alles in den Schatten stellen ==die Mosaiken der Apsis und der Kuppel:== Die Meister dieser Technik, Venezianer, schufen sie im 13. Jh. (Tgl. 12.15–18.30, 1. Sa im Monat 8.30–13.30 Uhr, Eintritt ab 6 Jahre 4 €.)

**Bronzeportale

Jedes der drei Portale ist ein Kleinod für sich, das bereits die Zeitgenossen begeisterte. 1330 stellte Andrea Pisano das **Südportal** fertig, auf dem in den 20 oberen Reliefs die Geschichte von Johannes dem Täufer – Namens-

Historischer Kern][Karte

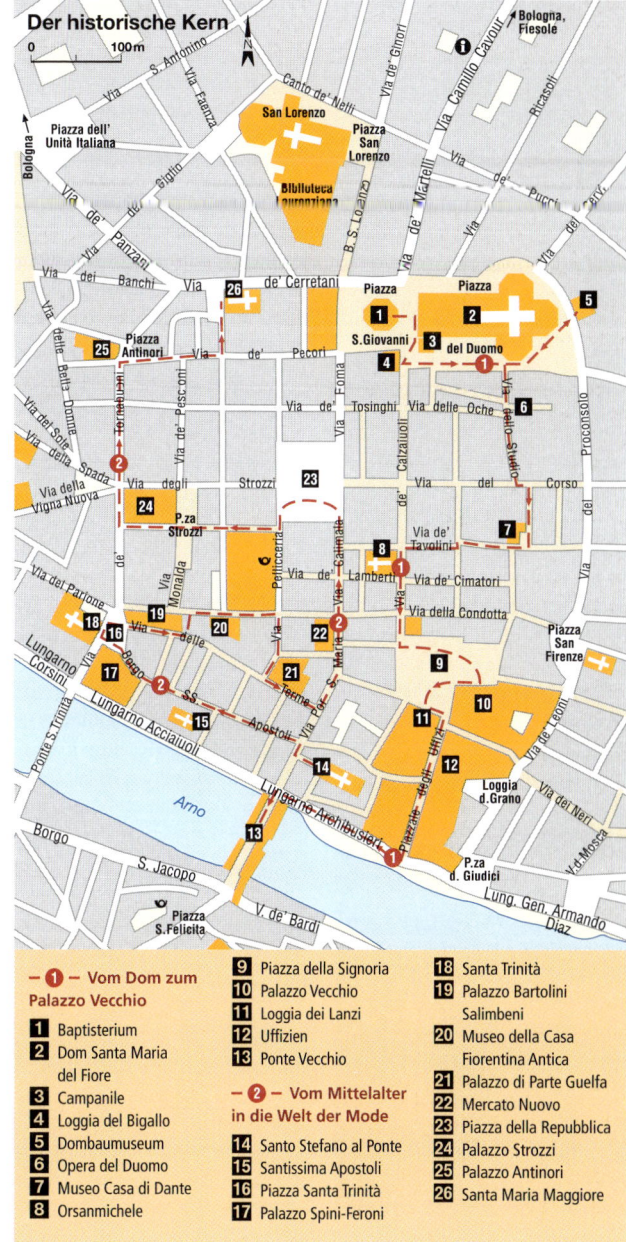

Der historische Kern

— ❶ — **Vom Dom zum Palazzo Vecchio**

1. Baptisterium
2. Dom Santa Maria del Fiore
3. Campanile
4. Loggia del Bigallo
5. Dombaumuseum
6. Opera del Duomo
7. Museo Casa di Dante
8. Orsanmichele
9. Piazza della Signoria
10. Palazzo Vecchio
11. Loggia dei Lanzi
12. Uffizien
13. Ponte Vecchio

— ❷ — **Vom Mittelalter in die Welt der Mode**

14. Santo Stefano al Ponte
15. Santissima Apostoli
16. Piazza Santa Trinità
17. Palazzo Spini-Feroni
18. Santa Trinità
19. Palazzo Bartolini Salimbeni
20. Museo della Casa Fiorentina Antica
21. Palazzo di Parte Guelfa
22. Mercato Nuovo
23. Piazza della Repubblica
24. Palazzo Strozzi
25. Palazzo Antinori
26. Santa Maria Maggiore

patron des Taufhauses – geschildert wird. Die Erzählfolge führt jeweils paarweise von links oben nach unten; genau auf Augenhöhe befindet sich die Taufe Christi im Jordan.

Das gegenüberliegende **Nordportal** mit Szenen des Neuen Testaments schuf Lorenzo Ghiberti. Seine Taufe Christi weist große Ähnlichkeit mit der Pisanos auf, Ghiberti verlieh dem Relief jedoch mehr Tiefe.

Paradiestür – so nannte Michelangelo bewundernd das **Mittelportal** gegenüber dem Dom. Ghiberti erhielt 1425 den Auftrag für dieses dritte Portal, reduzierte die ursprünglich geplanten 24 Felder auf zehn (Originale im Dommuseum) und stellte die Episoden des Alten Testaments mit Hilfe der neu entdeckten Zentralperspektive dar. Von links oben: Vertreibung aus dem Paradies, Kain erschlägt Abel, Trunkenheit Noahs, Opferung Isaaks, Jakob und Esau, Josef wird als Sklave verkauft, Moses erhält die Zehn Gebote, Fall Jerichos, Schlacht gegen die Philister, Salomon und die Königin von Saba. Architektur- und Landschaftsdarstellungen geben den Szenen Tiefe.

Dom Santa Maria del Fiore

Pisa legte im 11. Jh. den Grundstein zu seinem prächtigen Dom, Siena im 12. Jh., Lucca zu Beginn des 13. Jhs. Und die Hauptkirche von Florenz war noch immer die kleine Santa Reparata! Der Führungsanspruch und die neue Machtposition der Stadtrepublik in der Toskana verlangten nach einem repräsentativen Neubau. Daher wurde 1294 der Stadtbaumeister Arnolfo di Cambio mit der Aufgabe betraut, das schönstmögliche Gebäude zu errichten. Er tat sein Bestes: Mit 153 m Länge und 38 m Breite schuf Arnolfo **eine der bis heute größten Kirchen der Welt;** bei ihrer Fertigstellung 1434 war sie die größte in Europa. Die Reste der alten Kirche Santa Reparata aus dem 4. Jh. sowie römische Mosaikfußböden erwarten Sie unterhalb des heutigen Baus (Zugang im Dominneren, Eintritt).

Öffnungszeiten Dom: Mo–Fr 10–17, Do bis 16, Sa bis 16.45, jeden 1. Sa im Monat nur bis 15.30, So, Fei 13.30–16.45 Uhr, gratis.

Brunelleschis Kuppel

Als unübersehbares Wahrzeichen des Doms und der Stadt ragt die mächtige, sich auf 90 m erhebende rote Kuppel empor. Im Jahr

Paradiestür: der Fall Jerichos

Historischer Kern][Dom

1366 stimmten die Bürger für den Vorschlag einer Künstlergruppe, die Kirche mit einer riesigen Kuppel abzuschließen, welche – auf einen Tambour (Unterbau) gesetzt – die Dächer der Stadt weithin überragen sollte. Man war Ende des 14. Jhs. wirtschaftlich führend in der Toskana und wollte das auch zeigen. Nach dem Motto »Kommt Zeit, kommt Rat« machte sich niemand über die Realisierung der Kuppel Gedanken.

Immerhin entspricht ihr Durchmesser mit 42 m dem des römischen Pantheon; seit der Antike hatte niemand mehr gewagt, eine derartige Weite zu überspannen. Filippo Brunelleschi gewann 1418 die Ausschreibung; dass seine sich selbst tragende **Doppelschalenkonstruktion** jedoch die Jahrhunderte überdauern würde, glaubte niemand so recht. Nicht gotische Strebepfeiler leiten hier die Spannungen ab, Brunelleschi wählte mit den drei kleeblattartigen Chorkapellen eine elegantere Lösung. Die ebenfalls von Brunelleschi entworfene Krone des Ganzen, eine 107 m Höhe erreichende **Marmorlaterne,** hält mit ihrem Gewicht bis heute das bedeutendste architektonische Werk seiner Zeit zusammen. Trotz der immens langen Bauzeit – die Fassade wurde erst Ende des 19. Jahrhunderts angefügt – erzielte man durch die durchgehende Verwendung von weißem Marmor aus Carrara, grünem aus Prato und rotem aus der Maremma **eine beeindruckende Einheitlichkeit.**

Die Domkuppel überragt als Wahrzeichen die Stadt

Kunstwerke im Inneren

Im Vergleich zur äußeren Farbigkeit des Doms wirkt das dreischiffige Innere ernüchternd. Beim Blick in die Kuppel überraschen jedoch die **herrlichen restaurierten Fresken des *Jüngsten Gerichts** von Vasari und seinem Schüler Zuccari.

Die Fenster des Tambours und des Kapellenkranzes wurden nach Entwürfen berühmter Renaissancekünstler wie Donatello, Paolo Uccello und Lorenzo Ghiberti gefertigt. Luca della Robbia schuf die eindrucksvollen emaillierten ***Terrakotten** über den Portalen der Sakristeien.

Volksbildung und Würdigung des größten Sohnes der Stadt in einem: Die Republik förderte öffentliche Lesungen von Dantes Hauptwerk die »Göttliche Komö-

Historischer Kern II Dom

Der stolze Campanile und das rote Dächermeer von Florenz

die« vor dem Gemälde »Dante und seine Welten«, das 1465 zu seinem 200. Geburtstag entstand. Zu Lebzeiten schickte man den Dichter ins Exil, posthum huldigte man ihm. Die gemalten Reiterstandbilder des Söldnerführers John Hawkwood von Paolo Uccello (1436; rechts) sowie des Niccolò da Tolentino von Andrea del Castagno (1456; links) erinnern an die großen, frei stehenden Reiterskulpturen der Renaissance – die wechselseitige Beeinflussung von Malerei und Bildhauerei tritt hier klar zu Tage.

Man beschließt die Besichtigung des geistlichen Zentrums der Stadt würdig, indem man an der Nordseite des Doms eines der besten Beispiele gotischer Skulpturenkunst in Florenz bewundert, die **Porta della Mandorla** (um 1400), und dort die Domkuppel besteigt. Ein Erlebnis ist der **wunderbare Blick auf Stadt und Umland** (Mo–Fr 8.30–19, Sa bis 17.40 Uhr, Kassenschluss 40 Min. früher, Eintritt ab 6 Jahre 8 €).

Campanile 3

Wem die Besteigung der Domkuppel zu anstrengend ist, der kann die 414 Stufen auf den mit 84 m etwas niedrigeren Campanile (Glockenturm) hinaufsteigen. **Der Anblick des roten Dächermeeres,** der Kirchtürme und Palazzi inmitten der grünen Hügel belohnt für die Mühe.

Als man Giotto 1334 zum neuen Dombaumeister ernannte, zog dieser die Errichtung des Campanile der Arbeit an der Kirche vor. Von ihm stammt die Idee mit den achteckigen Pilastern und der dreifarbigen Marmordekoration, die später für den Dom übernommen wurde. Im Mittelpunkt der aufkommenden Renaissancephilosophie stand der Mensch. Ein hierfür typisches Bildprogramm zeigen bereits die Reliefs am Campanile aus den 1330er-Jahren: Mit der Erschaffung Adams beginnt die Menschheitsgeschichte; mittels der »Arti Minori« (Handwerkskünste) erzielt der Mensch erste Fortschritte; die sieben Planeten beeinflussen seinen Weg; durch die Sieben Freien Künste und die sieben Sakramente erreicht er schließlich Vollkommenheit (Kasse tgl. 8.30–18.50 Uhr, Eintritt ab 6 Jahre 6 €).

Historischer Kern][Dombaumuseum

Karte Seite 61

Loggia del Bigallo 4

In unserer Zeit rufen Fernsehbilder von Kriegswaisen zu Spenden für in Not geratene Menschen auf. Früher dagegen stellte man die verlassenen Kinder selbst unter der reizenden gotischen Loggia del Bigallo aus und appellierte so an das mildtätige Herz einer großen Öffentlichkeit. Im Gebäude informiert heute ein Museum u.a. über die Geschichte der barmherzigen Bruderschaft der Compagnia del Bigallo.

**Dombaumuseum 5

Den besten Blick auf die einmalige Kuppel- und Kapellenkonstruktion des Doms gewährt der Weg zum aufwendig renovierten Dombaumuseum (Museo dell' Opera del Duomo). Ist dessen Glanzstück die *Pietà von Michelangelo oder sind es die Reliefs der beiden *Sängerkanzeln? Luca della Robbia lässt römisch gekleidete Knaben und Mädchen in natürlicher Haltung singen, tanzen und musizieren. Die etwa zur gleichen Zeit geschaffene Sängerkanzel von Donatello scheint der Antike enger verhaftet zu sein, eine klare Linienführung und Plastizität der Personen kennzeichnen das Meisterwerk.

Die Darstellung des Individuums, seiner Gefühle und ein realitätsnahes Aussehen zählen zu den Idealen der Renaissance. Einzigartig geglückt ist Donatello dies bei den Propheten Jeremias und Habakuk – der Kahlkopf des Letzteren trug ihm den Spitznamen Zuccone (»Kürbis«) ein. Welch tiefes Einfühlungsvermögen Donatello besaß, beweist die Holzskulptur der reumütigen *Magdalena. Die **Skulpturen Arnolfo di Cambios** für die 1587 zerstörte Fassade des Doms sowie die *Originalreliefs des Campanile zählen zu den kostbarsten Schätzen des Museums. Die Reliefs geben durch ihre wirklichkeitsnahe Darstellung der Handwerkskünste Einblick ins Florentiner Alltagsle-

Florenz von oben

- Auf der roten **Domkuppel** steht man mitten in der Stadt und genießt einen zauberhaften Blick auf das Centro Storico > S. 62.
- Die Aussicht vom **Campanile** reicht über das Dächermeer von Florenz, und auch die Domkonstruktion sieht man von einem privilegierten Standpunkt > S. 64.
- Das Panorama vom **Loggiato di Saturno im Palazzo Vecchio** öffnet sich über den Arno hinauf in die grünen Hügel > S. 69.
- Von der **Terrasse des Cafés der Uffizien** überblicken Sie – bei Eis, Kaffee, Kuchen oder Cocktails – das lebhafte Treiben unten an der Piazza della Signoria und sehen den Palazzo Vecchio aus einer ganz neuen Perspektive > S. 71.
- Beim Cappuccino auf der **Dachterrasse des Kaufhauses La Rinascente** schauen Sie direkt auf den Triumphbogen an der Piazza della Repubblica > S. 77.
- In der eleganten **Caffeteria delle Oblate** haben Sie die Domkuppel voll im Blick > S. 90.

Historischer Kern][Dombaumuseum

Dante-Bildnis im Dom

In der nahen Via dello Studio 23r kann man in der **Opera del Duomo** ◾ (Dombauhütte), die schon für den Domneubau im 13. Jh. gegründet wurde, den Restauratoren bei der Arbeit zusehen.

Shopping

Der Museumsshop im Dombaumuseum bietet neben Kunstbänden auch hübsche Mitbringsel.

Museo Casa di Dante ◾

Ob der berühmteste Dichter Italiens, Dante Alighieri, im Haus in der Via Margherita 1 wirklich das Licht der Welt erblickte, kann die Forschung nicht sicher sagen. In dem nach modernen museologischen Gesichtspunkten neu orga-

ben des 14. und 15. Jhs. Einen Eindruck der beim Kuppelbau eingesetzten Techniken und Arbeitsweisen vermitteln Arbeitsgeräte und Modelle Brunelleschis (Kasse Mo–Sa 9–18.50, So, Fei 9–13 Uhr, Eintritt ab 6 Jahre 6 €).

Dante Alighieri

Der berühmteste Sohn von Florenz (1265–1321) begann seine Laufbahn als Politiker. Er schloss sich den Weißen Guelfen an, wurde mehrmals in hohe Ämter gewählt und musste 1302 ins Exil, nachdem seine Partei im innerstädtischen Machtkampf unterlegen war. In der Verbannung verfasste Dante etwa ab 1311 bis zu seinem Tode sein Hauptwerk, die »Göttliche Komödie«, in die er das gesammelte Wissen seiner Zeit einfließen ließ: Auf seiner in hundert Gesängen geschilderten Reise in die Unterwelt trifft der Dichter – geführt von Vergil – in der Hölle und im Fegefeuer die Bösen dieser Welt, während ihn seine angebetete Beatrice zu den erlösten Seelen ins Paradies geleitet. Die Zeitgenossen erkannten sich in diesem Werk wieder.

Wie der Aretiner Humanist und Lyriker Francesco Petrarca (1304–1374) und der in Florenz aufgewachsene Giovanni Boccaccio (1313–1375) – seine Novellen im »Decamerone« zeichnen ein witziges, manchmal deftiges Bild des Lebens im 14. Jh. – schrieb auch Dante in *Volgare*, dem Italienisch seiner Zeit. Da die drei größten Autoren Italiens aus der Toskana stammten, entschied man sich im 16. Jh. für das Toskanische als italienische Nationalsprache. Falls Sie also einen Italienischkurs machen wollen: Florentiner Italienisch entspricht dem Oxford-Englisch! Nur eine Eigenart sollten Sie nicht übernehmen: In Florenz aspiriert man K-Laute mit einem »H«, aus Coca-Cola wird »Chocha-Chola«!

Historischer Kern][Orsanmichele

Karte Seite 61

nisierten Museum erfährt man Wissenswertes zu Dante, dem Florenz seiner Zeit sowie zur Rezeptionsgeschichte seiner Werke (www.museocasadidante.it, tgl. 10 bis 18 Uhr, Okt.–März Di–So 10 bis 17 Uhr, Eintritt Kinder 7–12 Jahre 2 €, ab 13 Jahre 4 €).

Restaurants

■ **GustaVino**
Via della Condotta 37r
Tel. 05 52 49 98 06
Experimentelle Küche in einem modern gestylten Lokal. ●●●

■ **Trattoria dei 5 Amici**
Via de' Cimatori 30r
Tel. 05 52 39 66 72
Die typische Florentiner Trattoria serviert leckere Tagesmenüs. Mo geschl. ●

■ **I due Fratellini**
Via de' Cimatori 38r
Tel. 05 52 39 60 96
www.iduefratellini.com
Exzellente Panini, dazu ein Glas Wein im Stehen, im Freien: Florentiner lieben »die beiden Brüder«, seit 1875. ●

Eisdielen

■ **Festival del Gelato**
Via del Corso 75r
Über 50 Eissorten stehen zur Wahl, darunter Kreationen wie Rose, Zeder oder Passionsfrucht.

■ **Perché no!…**
Via dei Tavolini 19r
Historische Eisdiele, auch exzellente Granité und Semifreddi.

Shopping

Mitbringsel rund um den Chianti Classico Gallo Nero, vom Käppi bis zum Flaschenöffner, findet man im **Il Posto dei Desideri, Via dei Tavolini 7r.**

*Orsanmichele 8

Von der Markthalle zur Kirche, vom Getreidespeicher zur Galerie: So lässt sich die Historie von Orsanmichele zusammenfassen. 1337 wurde hier eine offene, auf zehn äußeren und zwei inneren Pfeilern ruhende Loggia für den Getreidemarkt errichtet. Doch die Verehrung eines Mariengemäldes am Gebäude gab den Ausschlag, die Arkaden von 1367 bis 1380 zu schließen, um einen Gebetsraum zu schaffen; die beiden oberen Stockwerke dienten bis ins 16. Jh. als Getreidespeicher. Beim Umbau entstand eine wundervolle zweischiffige Kirche: Das feine **Maßwerk** der Fenster zählt ebenso zu den Glanzpunkten der Gotik in Florenz wie das beeindruckende, mehr als reichhaltig mit bunten Marmorintarsien, Glas und Reliefs geschmückte **Tabernakel** im Inneren des Gebäudes.

Auf halbem Weg zwischen Dom und Palazzo Vecchio gelegen, wurde Orsanmichele zur Kirche der im 14. Jh. regierenden Zünfte. Die Schutzpatrone der Arti für die Nischen wurden bei den besten Künstlern ihrer Zeit in Auftrag gegeben; hier lässt sich die Entstehung der Renaissanceskulptur anhand von Kopien wunderbar nachvollziehen. Wegen des sauren Regens werden die restaurierten Originale heute im Museum im 1. Stock ausgestellt.

Der **hl. Georg** von Donatello (1416; Nordseite; Original im Bargello) zeichnet sich durch seinen kühnen Blick und die stolze Haltung aus. Auf dem Relief mit dem Drachenkampf wandte der Künstler erstmals konsequent die Zentralperspektive an, eine Perspektive, die Tiefe suggeriert – Donatello ist damit der Erfinder des Flachreliefs. Zu Beginn des 15. Jhs. konnte lediglich Nanni di Banco mit Donatello mithalten. Seine **Vier Gekrönten Heiligen** (nach 1413) in der nächsten Nische zeigen eine kreative Auseinandersetzung mit der Antike (Kirche Di–So 10–17 Uhr, gratis, Museum zzt. geschl.).

2 *Piazza della Signoria 9

Grandios: Am Ende der Via de' Calzaiuoli öffnet sich die Piazza, das politische Zentrum der Stadt. Majestätisch wacht der 94 m hohe Turm des Palazzo Vecchio über das pulsierende Leben zu seinen Füßen. Palast und Loggia wurden von der Republik errichtet, und die Medici-Großherzöge steuerten später den **Neptunbrunnen** von Ammannati (1575) und das **Reiterdenkmal** Cosimos I. von Giambologna (1594) bei. Denn ob man plante, einen großartigen Palast oder eine prächtige Kirche zu errichten – im 16. und 17. Jh. war in Florenz bereits eine Fülle davon gebaut; nur die Plätze waren frei geblieben. So statteten die Großherzöge nun die Stadt üppig mit Brunnen, Säulen und Standbildern aus.

Café

Rivoire
Piazza della Signoria/Via Vacchereccia
Tel. 0 55 21 44 12

In der eleganten Café-Konfiserie genießt man **die berühmten Schokoladenkreationen** direkt gegenüber dem Palazzo Vecchio und hat dabei die ganze Piazza von einem bevorzugten Sitzplatz aus im Blick

**Palazzo Vecchio 10

Klar beherrscht wird die Piazza vom Palazzo Vecchio, noch heute das Rathaus der Stadt. Prestigebauten verdeutlichen, wer seit 1293 die Macht in Händen hielt. So beauftragten die Zünfte 1298 Arnolfo di Cambio mit der Errichtung eines repräsentativen Wohn- und Amtssitzes. Nach dem Vorbild des kommunalen Palazzo in Volterra erbaut, erhebt sich der Palazzo Vecchio noch wuchtiger. Ursprünglich rechteckig angelegt, unterstreichen feine Gesimse die Gliederung des Gebäudes in drei Blöcke; das Motiv des zinnenbekrönten Laufgangs wird an der Glockenstube und am Turm wieder aufgenommen, der den majestätischen Wehrcharakter vervollständigt. Die Uhr, 1667 angebracht, funktioniert noch immer – deutsche Wertarbeit des Augsburgers Georg Lederle.

Die Innenräume

An der Kopie des »David« von Michelangelo (Original > S. 88) vorbei tritt man in den anmutigen Innenhof, den Michelozzo 1453 im Stil der Frührenaissance neu gestaltete. Anlässlich der Hochzeit Johannas von Österreich mit Francesco de' Medici schmückte Vasari 1565 die Wände mit Ansichten von Städten der österrei-

Historischer Kern][Palazzo Vecchio

chischen Lande. Schon hier bekommt man eine Ahnung davon, welch prunkvolle Gemächer sich in dieser Fürstenresidenz europäischen Ranges verbergen.

Der großartige **Saal der Fünfhundert** *(Salone dei Cinquecento),* der 1494 im 1. Stock nach der Vertreibung der Medici zum Sitzungssaal der Ratsherren deklariert wurde, zelebriert nun die Taten Cosimos I. Riesige Wand- und Deckenfresken von Vasari und seinen Schülern zeigen den Aufbau des Herzogtums, jeder Hinweis auf die Republik wurde aus diesem Raum getilgt. Aus den Skulpturen ragen der Genio della Vittoria (Sieg) von Michelangelo und der Triumph von Florenz über Pisa von Giambologna (Original zu sehen im Bargello) besonders heraus.

Nach einem Blick in das von Vasari entworfene **Studiolo Francescos I.** warten muskelbepackte Krieger im reich dekorierten Saal Papst Leos X.; in der Belagerung von Mailand zeigt Vasari die Männer in allen erdenklichen Posen – typisch für den Manierismus: die verdrehten Körper. Allegorien der Luft (Decke), der Erde, des Feuers und des Wassers – verkörpert durch Venus, die aus den Fluten steigt – schmücken die **Sala degli Elementi** im 2. Stock. Nicht nur das Innere bietet Interessantes: **Der Loggiato di Saturno schenkt einen malerischen Blick** auf Santa Croce, San Miniato al Monte und Forte Belvedere.

Nicht übersehen sollte man den reizenden Putto mit Delfin von Andrea del Verrocchio (Kopie im Innenhof) in dem Terrazzo di Giunone. Den **Quartiere Eleonoras von Toledo,** der Gattin Cosimos I., gestaltete ebenfalls Vasari, die Dekoration ihrer Kapelle gilt als eines der Hauptwerke Bronzinos, der hier zwischen 1540 und 1545 den Manierismus bereits vorwegnimmt.

Zu den schönsten Räumen des Palazzo zählen die **Sala dell'Udienza** mit dem Wappen von Florenz in der beeindruckenden goldenen Kassettendecke und die ***Sala dei Gigli,** die ursprünglich einen einzigen riesigen Raum bil-

Der Palazzo Vecchio dominiert die Piazza della Signoria

Historischer Kern][Palazzo Vecchio

Ein Lehrstück des Manierismus: »Raub der Sabinerinnen«

deten. Selbst die Türen sind prachtvoll! Und auch ein Blick nach oben lohnt sich: Die Goldlilien der französischen Anjou, die den Florentiner Guelfen zum Sieg verhalfen, überziehen den leuchtend blauen Untergrund. Donatellos Skulpturengruppe »Judith und Holofernes« vervollständigt den Prunk.

Von Domenico Ghirlandaio stammt das Wandfresko der Sala dei Gigli mit San Zanobi, dem ersten Bischof von Florenz, zwischen den Heiligen Lorenzo und Stefano sowie den Helden der römischen Republik (Brutus, Cicero, Scipio u. a.) – ihre Freiheitsliebe und republikanischen Tugenden sollten den Regierenden ein Vorbild sein. Neben der **Kanzlei**, in der Niccolò Machiavelli als oberster Chef noch heute in Gestalt einer Büste und eines Porträts präsent ist, liegt die **Sala delle Carte Geografiche** (Mo–Mi, Fr bis So 9–19, Do, Fei 9–14 Uhr, Eintritt 6 €, 18–25 Jahre 4,50 €, 3–17 Jahre 2 €, ermäßigte Familientickets, verbilligtes Sammelticket mit Cappella Brancacci).

Restaurants

■ **Frescobaldi Wine Bar**
Via dei Magazzini 4r
Tel. 0 55 28 47 24
Die Wine Bar an der Nordecke der Piazza serviert zu Frescobaldi-Tropfen edle Gerichte wie Thunfischtartar, aber auch ausgesuchte Käsespezialitäten. So, Mo mittags geschl. ●–●●

■ **i'Mangiarino**
Via dello Studio 5r
Tel. 0 55 21 62 08
Wohlschmeckende Panini mit toskanischen Spezialitäten zu heimischen Weinen. Tgl. geöffnet. ●

*Loggia dei Lanzi 🔟

Die Loggia dei Lanzi kommt Ihnen irgendwie bekannt vor? Dem bayerischen König Ludwig I. gefiel die Loggia so gut, dass er sie zum Vorbild für den Bau der Feldherrnhalle am Odeonsplatz in München nahm. Die 1376 bis 1382 errichtete repräsentative Empfangshalle, eigentlich die Loggia della Signoria, sollte laut Ratsbeschluss »schön und bemer-

Historischer Kern][Uffizien

kenswert« werden. Obschon noch in der Zeit der Gotik gebaut, weisen ihre einfachen, klaren Linien darauf hin, dass der Sinn für klassische Schönheit in Florenz stets vorhanden war. Ihren Namen erhielt die Loggia übrigens von den *Lanzichenecchi*, den unter den hohen Bogen stationierten Landsknechten.

Cosimo I. überließ die Halle den Bildhauern als Arbeitsstätte und leitete so die Entwicklung zum »Freilichtmuseum« Florenz ein. Stolz hält *Perseus das Haupt der toten Medusa, für Cosimo I. ein Symbol: Er fühlte sich als neuer Perseus, der die Stadt von ihren Feinden – seinen republiktreuen innenpolitischen Gegnern – befreit hatte. Benvenuto Cellini schuf dieses Meisterwerk des Manierismus. Die verrenkte Haltung der Medusa betont noch die ruhige Pose des Perseus.

Den *Raub der Sabinerinnen entwickelte Giambologna dramatisch von unten nach oben: Der Sabiner hält den Römer, der Römer die Frau des Sabiners. Mit dieser prächtigen *figura serpentinata* (geschlängelter Figurenaufbau) erreichte der Manierismus seinen Höhepunkt.

***Uffizien

1555 brachte Herzog Cosimo de' Medici mit der Eroberung Sienas die Errichtung des Regionalstaates Toskana zum Abschluss. Um seine Territorien zu regieren, benötigte er eine Verwaltungszentrale: Nach Plänen von Vasari entstanden 1559–1580 südlich vom Palazzo Vecchio und der Loggia dei Lanzi die Uffizien. Der Palast erstreckt sich bis zum Ufer des Arno. Heute beherbergen die ehemaligen Amtsräume (ital. *uffizi*) in 45 Sälen mit 2000 ausgestellten Objekten (Bestand 3000) eine der bedeutendsten Gemäldesammlungen der Welt: 1737 schenkte Anna Maria Luisa, die letzte Medici, den nachfolgenden Lothringern die gesamten Kunstschätze, die ihre Vorfahren seit dem 16. Jh. zusammengetragen hatten – einzige Bedingung dabei war: Die Schätze mussten in Florenz und für die Öffentlichkeit zugänglich bleiben.

Vom riesigen Bestand der Uffizien konnte bislang weniger als die Hälfte gezeigt werden; das Museum soll daher bis 2012 beträchtlich erweitert, technisch modernisiert und mit einem umstrittenen neuen Ausgang versehen werden. Angesichts der schon heute immensen Zahl ausgestellter Exponate sollte man vor dem Besuch eine Auswahl unter den chronologisch und geografisch angeordneten Sälen treffen.

Öffnungszeiten Uffizien: Di bis So 8.15–18.50 Uhr, Eintritt 6,50 €; Ticketreservierung (Gebühr 4 €) unter Tel. 0 55 29 48 83 zur Vermeidung von Wartezeiten; Infos: www.polomuseale.firenze.it und www.nuoviuffizi.it. Während des Umbaus bleiben die Uffizien geöffnet, Besucher müssen jedoch mit Unbequemlichkeiten rechnen. Die Internetseite www.nuoviuffizi.it informiert über den Stand der Arbeiten.

Die Maler

Neben einem Querschnitt klassischer toskanischer Malerei (Cimabue, Giotto, Botticelli, Leonardo da Vinci und Michelangelo) besitzt die Galerie bedeutende Werke von Malern anderer italienischer Regionen (des Umbriers Raffael, der Venezianer Giovanni Bellini, Giorgione, Tizian, Tintoretto oder des Lombarden Caravaggio) sowie deutscher (Dürer, Cranach, Altdorfer, Holbein) und niederländischer Meister (Brueghel, Rubens, Rembrandt).

Die Gemälde

In den ersten Sälen ist toskanische Malerei von Vertretern der stilisierten byzantinischen Formensprache wie Duccio di Buoninsegna bis zu den ersten gotischen Malern wie Cimabue und dessen Schüler Giotto zu sehen. Zu den Hauptwerken dieser Epoche zählen Duccios *Madonna Rucellai, die *Maestà di Santa Trinità von Cimabue sowie die *Madonna d'Ognissanti von Giotto; schöne Beispiele für die Farbgebung und Erzählfreude der Gotik stammen vom Florentiner Lorenzo Monaco sowie vom Lombarden Gentile da Fabriano, dessen Gemälde – wie *Adorazione dei Magi – eine anmutige Natürlichkeit ausstrahlen.

Das Bild *Madonna mit Kind und hl. Anna von Masaccio zeigt erste Ansätze der neu entdeckten Perspektive; Fra Angelicos **Seligkeit,** Paolo Uccellos perfekte Anwendung der Zentralperspektive in *Battaglia di San Romano sowie Domenico Venezianos Verzicht auf den mystischen Goldhintergrund bei der *Madonna mit Kind und Heiligen leiten über zu den großartigen *Porträts des Herzogs Federico da Montefeltro und seiner Frau von Piero della Francesca.

Höhepunkte der Renaissance sind die Gemälde *Frühling (Primavera) und *Geburt der Venus (Nascità di Venere) von Sandro Botticelli. Die unvollendete *Adorazione dei Magi von Leonardo da Vinci sowie das einzige sicher von Michelangelo selbst vollendete Gemälde *Tondo Doni zählen zu den Hauptwerken. Andrea del Sartos *Madonna delle Arpie, Pontormos *Cena in Emmaus und Domenico Beccafumis Werke bilden den würdigen Abschluss dieser Epoche der toskanischen Malerei. Im umlaufenden Gang stehen Originale und Kopien griechischer und römischer Statuen; ein Glanzstück der Medici-Sammlung ist die *Medici-Venus (1. Jh. v. Chr.) in der Tribuna.

4 *Ponte Vecchio

Den besten Blick auf die älteste, 1345 errichtete Brücke der Stadt genießt man vom Quertrakt der Uffizien aus. Wenn sich die Abendsonne im Fluss spiegelt, kommen auf diesem Wahrzeichen der Stadt romantische Gefühle auf. Auch bei Tage bezaubert die Alte Brücke. Seit dem 14. Jh. sind Geschäfte und Werkstätten von Handwerkern auf der Brücke bezeugt. Großherzog Ferdinand I. reservierte die Läden allein den Gold- und Silberschmieden.

Historischer Kern][Regionalstaat Florenz

Regionalstaat Florenz

Florenz war seit Karl dem Großen Teil des Heiligen Römischen Reiches Deutscher Nation. In der Praxis regierten sich die Florentiner seit dem 12. Jh. selbst. Der Aufschwung ab dem 10. Jh. ließ auch in Florenz Wirtschaft und Bevölkerung wachsen: Um 1050 lebten bereits 20 000 Menschen in der Stadt. Wohlhabende Großkaufleute nutzten nach dem Tod der Markgräfin Mathilde 1115 die Gelegenheit und nahmen die Geschicke der Stadt in ihre Hand. Aus ihren Reihen wählte man die zwölf regierenden *Consoli;* 1183 musste Kaiser Friedrich I. Barbarossa im Frieden von Konstanz die kommunale Autonomie anerkennen.

Zur Sicherung der Verkehrswege bemächtigte sich Florenz der Burgen des Feudaladels im Umland und gliederte deren Gebiete in den Stadtstaat ein. Die Stadtherrschaft weitete sich auf die Umgebung, *Contado,* aus. Da auch die anderen Stadtstaaten einen großen *Contado* zu gewinnen suchten, kam es zu Konflikten; schon 1125 bereitete Florenz allen Ambitionen Fiesoles ein Ende: Die Stadt wurde erobert und zerstört, ihr Gebiet einverleibt. Die steigende Wirtschaftskraft – Florentiner Kaufleute und Bankiers beherrschten im 14. Jh. die Märkte vom Mittelmeerraum bis England – verschaffte den finanziellen Spielraum für die territoriale Expansion. Wenn nötig, eroberte man die Nachbarstädte mit Gewalt, lieber jedoch kaufte man sie einfach auf, wie 1351 Prato, 1384 Arezzo, 1411 Cortona und 1421 Livorno. Die Hauptrivalinnen – bei der Ausdehnung wie im internationalen Finanz- und Handelsgeschäft – waren Pisa, Siena und Lucca, weshalb Florenz im 13. und 14. Jh. ständig in kriegerischen Auseinandersetzungen mit diesen Städten lag. Der entscheidende Schlag zur Vorherrschaft in der Toskana gelang der Stadt am Arno 1406 mit der Eroberung Pisas (Siena hielt sich noch bis 1555, Lucca blieb bis 1847 selbstständig), zudem verschaffte sich Florenz damit den ersehnten Zugang zum Meer.

Aus der Kommune war eine Regionalmacht mit viel größerer Bühne für ihre Politik geworden. So bestimmte die Republik im 15. Jh. die Geschicke Italiens mit, bevor sie im 16. Jh. mit den anderen Regionalstaaten Italiens den aufstrebenden Nationalstaaten Frankreich und Spanien das Feld überlassen musste.

Historischer Kern][SS. Apostoli

Vom Mittelalter in die Welt der Mode

– ❷ – **Santo Stefano al Ponte**
› Santissimi Apostoli › Piazza Santa Trinità › *Santa Trinità › Palazzo Bartolini Salimbeni › Palazzo Spini-Ferroni › *Museo della Casa Fiorentina › Palazzo di Parte Guelfa › Mercato Nuovo › Piazza della Repubblica › Palazzo Strozzi › Palazzo Antinori › Santa Maria Maggiore

Dauer: 3 Stunden (ohne Museums- oder Kirchenbesuche).
Praktische Hinweise: Mittags trifft man sich im Modeviertel in den eleganten Café-Bars zum *Light Lunch*, abends zum Aperitif. Die Kirchen SS. Apostoli und Santa Trinità sind 12–16 Uhr geschlossen.

Borgo SS. Apostoli

Die mittelalterliche Straße Borgo SS. Apostoli ist von strengen Fassaden gesäumt. Der Name verweist darauf, dass dieses historische Viertel einst außerhalb der römischen Stadtmauern eine Vorstadt *(borgo)* bildete.

An der Ecke zur Via Por S. Maria erhebt sich der strenge Turm der Baldovinetti, ein typisches Beispiel für die Wohntürme des 12. Jhs. Die Regierung der Kaufleute setzte um 1250 den Abriss der 150 Geschlechtertürme bzw. deren Schleifung (auf 29 m) durch.

Viele Wohntürme wurden im 13. Jh. in größere Paläste integriert. Schräg gegenüber dem Borgo SS. Apostoli liegt versteckt in einem Innenhof eine der wenigen romanischen Kirchen der Stadt, **Santo Stefano al Ponte** 14. Ein Erlebnis sind die Konzerte in dem mit grünem und weißem Marmor verzierten Bau.

Eine weitere romanische Musterkirche wartet direkt im Borgo, **Santissima Apostoli** 15. Ihr strenges Äußeres aus dem 11. Jh. wirkt neben den prachtvollen Renaissance-Gotteshäusern fast fremd. Vom Lungarno aus kann man in einem engen Hof durch einen Bogen einen Blick auf die romanische Apsis werfen.

An der Piazza Santa Trinità 16

Cosimo I. ließ 1565 auf dieser Piazza die römische Granitsäule mit der Giustizia (Gerechtigkeit) aufstellen. Genau an dieser Stelle hatte ihn 1554 die Nachricht vom endgültigen Sieg über die Sienesen erreicht.

Palazzo Spini-Feroni 17

Noch als traditioneller, festungsartiger Palast zeigt sich der zinnenbekrönte Palazzo Spini-Feroni aus dem 13. Jh., einer der größten mittelalterlichen Bauten der Stadt. Der Blick in die edlen Schaufenster des Schuhdesigners Ferragamo dürfte die Damen entzücken. Die Schuhkreationen des Meisters für Marilyn Monroe oder Greta Garbo bestechen im Museo Salvatore Ferragamo › S. 37.

Historischer Kern][Santa Trinità

Ghirlandaios »Bestätigung der Ordensregeln der Benediktiner« kann man in der Sassetti-Kapelle bewundern

*Santa Trinità

Die bedeutendsten Florentiner des 15. Jhs. findet man in der Kirche Santa Trinità. Ihre barocke Fassade überspielt die Strenge des romanischen Baus der Vallombrosaner, eines Reformordens des 11. Jhs., der sich für eine erneuerte Kirche einsetzte. Wie andere Orden auch luden sie reiche Kaufleute ein, die Kapellen ihrer Kirche auszuschmücken. Wer Geld gegen Zinsen verlieh – das Hauptgeschäft der Florentiner Händler und Bankiers –, konnte sein schlechtes Gewissen mit einer Freskenspende beruhigen und zugleich sich und seiner Familie ein bleibendes Denkmal setzen.

Francesco Sassetti, Geschäftsführer der Medici-Bank, gab den Auftrag für den *Zyklus im rechten Querschiff (rechte Kapelle). In den Geschichten aus dem Leben des Franz von Assisi setzte Domenico Ghirlandaio die Reichen und Schönen sowie das Florenz seiner Zeit ins Bild. In der Lünette entdeckt man den Palazzo Vecchio und die Loggia dei Lanzi, im Vordergrund rechts Lorenzo il Magnifico mit Sassetti (der Mann mit Glatze) und dessen Sohn. Da sich die führenden Mitglieder der Gesellschaft dem humanistischen Bildungsideal verpflichtet fühlten, ließen sie sich gern zusammen mit berühmten zeitgenössischen Humanisten abbilden: Neben den Söhnen Lorenzos steigt der Dichter Agnolo Poliziano die Treppe hinauf. Dass Sassetti seinem Gönner Lorenzo il Magnifico schmeicheln wollte, ist nicht zu übersehen. In der Szene darunter (Auferweckung des Kindes), die Ghirlandaio auf der Piazza Santa Trinità spielen lässt, erkennt man die gotische Fassade der Kirche und den Palazzo Spini-

Feroni. Beachtung verdienen auch die **Fresken Lorenzo Monacos** in der vierten Kapelle des rechten Längsschiffs, vor allem das Verkündigungsgemälde (12–16 Uhr geschl., Eintritt frei).

Palazzo Bartolini Salimbeni 19

Der neue Stil des 16. Jhs. manifestierte sich nicht nur in den Bauten der Medici-Fürsten. Auch beim Bau der Stadtpaläste übernahm Baccio d'Agnolo klassische Formen des päpstlichen Roms. So schmücken beim Palazzo Bartolini Salimbeni statt der Florentiner Rundbogen rechteckige Fenster mit Fensterkreuz die plastisch modellierte Fassade. Der weit vorspringende Schmuck inszenierte ein in Florenz bisher unbekanntes Licht-Schatten-Spiel; hier kündigt sich der Manierismus an.

Restaurants

■ **Rose's**
Via del Parione 26r
Tel. 0 55 28 70 90
In-Bar gleich rechts von Santa Trinità. Mittags Light Lunch, abends Aperitif und Fernöstliches: Es gibt Sushi. ●

■ **Florian**
Via del Parione 28r
Tel. 0 55 28 42 91

 Für eine Kaffeepause ideal: die Filiale des berühmten Florian in Venedig.

*Museo della Casa Fiorentina Antica 20

Die Strozzi, die Antinori – überall in Florenz trifft man auf Adelsfamilien und ihre Paläste. Einen einmaligen Einblick in das Alltagsleben dieser erlauchten Kreise im 14. Jh. gewährt das Museum im **Palazzo Davanzati**. Seine Architektur macht ihn zum anschaulichen Modell für den Palastbau vor der Pestkrise des Jahres 1348; im Inneren kann man die herrlich dekorierten Wohn-, Schlaf- und Küchenräume mit mittelalterlicher Ausstattung studieren. Besonders beindruckend sind die Sala dei Pappagalli mit ihren Wandteppichen, welche Papageien zeigen, und die Fresken des Schlafzimmers (tgl. außer 2. und 4. So sowie 1., 3. und 5. Mo im Monat 8.15–13.50 Uhr; gratis, Besichtigung mit Führung nach Anmeldung: Tel. 05 52 38 86 10).

Palazzo di Parte Guelfa 21

In der Nähe steht das Hauptquartier der Guelfen in Florenz aus dem 13. Jh. Einen Palazzo der gegnerischen Ghibellinen-Partei wird man vergeblich suchen – alle Erinnerungen an die Verlierer wurden getilgt, während man den Palast der Guelfen durch Brunelleschi im Obergeschoss und Vasari (Aufgang) verschönern ließ.

Mercato Nuovo 22

Porcellino – die bronzene Brunnenfigur eines Ebers (Kopie einer Skulptur von Pietro Tacca) – wartet bei der Loggia an der Kreuzung Via Porta Rossa und Via Calimala. Es soll Glück bringen, seine Nase zu berühren und ihm eine Münze ins Maul zu legen. In den Jahren 1547 bis 1551 errichtete man die Loggia des Mercato

Historischer Kern][Via de' Tornabuoni

Nuovo für den Verkauf wertvoller Seidenstoffe und Textilien, später konnte man hier die berühmten Florentiner Strohhüte erwerben, heute Lederwaren und Souvenirs.

Imbiss

Florentiner Streetfood erhält man beim **Trippaio** (Kuttelstand) direkt an der Loggia.

Piazza della Repubblica

Der geschichtsträchtigste Ort der Stadt ist das Herz von Florenz. Hier lag das römische Forum und seit dem Mittelalter der Markt. Doch lärmendes Handeltreiben, enge Gassen, Wohntürme, das jüdische Ghetto – all das musste 1885 dem ambitionierten Projekt eines repräsentativen Zentrums weichen. Die Nachwehen der großen Neuerungen 1865–1870, als Florenz Hauptstadt Italiens war, ließen ein volkstümliches Viertel verschwinden. Am Abend kann man auf der Piazza **den Tag stilvoll ausklingen lassen.**

Cafés

■ Zu den traditionsreichsten Cafés der Stadt an der **Piazza della Repubblica** gehört das **Giubbe Rosse**; hier verkehrten Anfang des 20. Jhs. den Futuristen nahe stehende Intellektuelle und während des Faschismus die Schriftsteller Eugenio Montale (Nobelpreis 1975) und Elio Vittorini.

■ Livemusik erklingt bis spät nachts aus dem gegenüberliegenden eleganten **Paszkowski.**

■ Nebenan lockt **Gilli** mit wunderbarem Gebäck im stilvollen Innenraum.

Glücksbringer Porcellino

■ **Eine großartige Aussicht auf die Piazza** bietet das Café auf der Dachterrasse des Kaufhauses **La Rinascente**.

■ Günstige Gerichte an der ansonsten teuren Piazza gibt es im Café der Buchhandlung **Edison**.

Luxusmeile Via de' Tornabuoni

In der Via de' Tornabuoni weiß man nie, ob man nun den Palazzo selbst oder seinen Inhalt bewundern soll. Ein Bummel führt an den Auslagen von Roberto Cavalli, Dior, Bulgari, Armani, Trussardi, Prada, Pucci und Gucci vorbei. Viele Nobelboutiquen wie Fendi, Louis Vuitton oder Dolce & Gabbana wanderten in die Via degli Strozzi, auf die Piazza degli Strozzi (Armani) und die Via de' Tosinghi (Valentino) ab: Die teuersten Läden verlagern sich näher zur Piazza della Repubblica hin.

Cafés und Bars

Für eine exklusive Pause beim Shoppen bieten die Designer mittlerweile in die

Geschäfte integrierte Nobelbars: **Café Giacosa** im Modetempel von Roberto Cavalli **(Via de' Tornabuoni 83r)** oder **Michele Negri (Via de' Pescioni 11r)**. **Procacci (Via de' Tornabuoni 64r)** verzückt mit seinen berühmten Trüffelschnitten. **H&B (Via de' Pescioni 8r)** zählt zu den eleganten In-Treffs.

Palazzo Strozzi 24

Auch in der Renaissance gab es abergläubische Menschen. So setzte Filippo Strozzi nach astrologischen Berechnungen den Baubeginn für den großartigen Stadtpalast auf den 6. August 1492 fest. Der Baumeister Benedetto da Maiano nahm sich den Medici-Palast von Michelozzo (heute Palazzo Medici-Riccardi) zum Vorbild. Die sich nach oben hin verjüngenden Quadersteine und das elegante Gesims von Cronaca schmücken ein harmonisch wirkendes Gebäude. Achten Sie auf die originalen Renaissance-Pferderinge, -Leuchter und -Fackelhalter. Heute wird der Palazzo für Ausstellungen und Veranstaltungen genutzt. Programminfos unter: www.palazzostrozzi.org

Café

Im Innenhof des Palazzo Strozzi bietet das **Caffè Giacosa** tagsüber bei angenehmer Kühle Kuchen (Mo geschl.).

Palazzo Antinori 25

Wie stark die Kontinuität der tonangebenden Schicht von Florenz seit dem Mittelalter ist, zeigt diese Familie: Seit 1502 leben die Antinori in dem typischen Adelspalast des 15. Jhs. an der Piazza Antinori.

Restaurant

Cantinetta
Tel. 0 55 29 22 34
www.antinori.it
Im Palazzo Antinori bietet das Restaurant Gelegenheit, edle Weine zu verkosten. Sa geschl.

Santa Maria Maggiore 26

Hinter der schlichten Fassade des mittelalterlichen Gotteshauses verbirgt sich im Inneren eine reich ausgestattete Bettelordenskirche des 13. Jhs. Der Vorgängerbau war romanisch. Die **Madonna del Carpine** (»Thronende Madonna«), eine Verbindung aus Relief und Malerei (linke Chorkapelle, Original Uffizien), zählt zu den Hauptwerken des Florentiners Coppo di Marcovaldo und ist eines der wenigen erhaltenen Bilder des 13. Jhs. Hier herrschen Ruhe und Abgeschiedenheit, als ob man sich irgendwo am Stadtrand aufhalten würde, dabei sind es nur wenige Schritte bis zum belebten Domplatz.

Restaurant

Caffeteria Creativa
Vicolo Santa Maria Maggiore 1
www.casadellacreativita.it
Abseits vom Trubel, rechts neben der Kirche Santa Maria Maggiore liegt in einem stillen Innenhof dieses Café-Restaurant. Hier gibt es Frühstück, kleine Mittagsgerichte und Panini. Mo–Fr, Sa ohne Küche, Do auch abends mit Live-Jazz zum Aperitif. ●

Beliebt ist der Kleidermarkt von San Lorenzo

Viertel San Giovanni

Nicht verpassen!
- Im Kreuzgang von San Lorenzo die Stille genießen
- Deftige Florentiner Küche in der Markthalle kosten
- Abseits der Massen im Cenacolo Sant'Apollonia Renaissancekunst bestaunen
- Michelangelos »David« im Original betrachten
- Durch den Botanischen Garten flanieren

Zur Orientierung

Verlässt man den Domplatz gen Norden, bevölkern immer mehr Studenten die Straßen. San Giovanni gilt als ein Ballungszentrum intellektuellen Wissens und verfügt über mehrere künstlerisch herausragende Bibliotheksbauten wie die Bibliothek in San Marco von Michelozzo und die Biblioteca Medicea Laurenziana, die nach einem der wenigen architektonischen Entwürfe Michelangelos für die Stadt errichtet wurde. Auch der Botanische Garten und die Museen der naturwissenschaftlichen Institute gehören zur Universität.

Doch nicht nur Studenten, auch Hausfrauen und Geschäftsleute, Florentiner und Touristen trifft man auf den Straßen. Rund um die belebte Markthalle herrscht Florentiner Alltag. **Bars und Stehpizzerien bieten preisgünstig Panini und Focacce an.** Die flachen Brötchen werden mit *Prosciutto* (Schinken), Salami oder *Formaggio* (Käse) belegt und warm gegessen. Ein kühles Bier vom Fass *(birra alla spina)* dazu oder ein Gläschen Wein, und man kann gestärkt weiterziehen. Direkt nördlich der Markthalle siedelte sich in den letzten Jahren eine multikulturelle Gemeinschaft mit asiatischen und afrikanischen Lebensmittelgeschäften, islamischen Metzgereien und alternativ angehauchten Läden an.

Je weiter man Markt und San Lorenzo-Kirche Richtung Nordosten verlässt, desto mehr taucht man in eine gehobene, ruhige Wohngegend ein. Auch die Medici wohnten einst in diesem Stadtteil, gleich bei San Lorenzo; auf ihren Spuren begegnet man Werken von Michelozzo, Brunelleschi, Donatello und Michelangelo. Fast himmlisch, umgeben von einer Aura der Seligkeit wirken die Bilder Fra Angelicos, jugendlich der David von Michelangelo, erhaben die antiken Skulpturen der Etrusker und Römer, feingliedrig die Marmorintarsien im Opificio, urwüchsig ein Mammutskelett: Die Museen des Viertels bieten wirklich für jeden Geschmack etwas.

Im hübschen Garten des Palazzo Medici-Riccardi

San Giovanni][Palazzo Medici-Riccardi

Karte Seite 83

Touren im Viertel San Giovanni

Medici, Michelangelo und Markt

– ❸ – ****Palazzo Medici-Riccardi 〉 **San Lorenzo 〉 **Cappelle Medicee 〉 Zentrale Markthalle 〉 **Cenacolo di Sant'Apollonia 〉 Piazza San Marco 〉 *Universität 〉 *Galleria dell'Accademia 〉 **Opificio delle Pietre Dure 〉 *Rotunde Santa Maria degli Angeli 〉 Museo Firenze com'era**

Dauer: 5–6 Stunden
Praktische Hinweise: Die Markthalle ist nur werktags bis 14 Uhr geöffnet. Achten Sie auf Ihre Wertsachen an den stark besuchten touristischen Highlights. Wer lange Wartezeiten an der Galleria dell'Accademia vermeiden möchte, reserviert seine Tickets bei Firenze Musei 〉 S. 138.

**Palazzo Medici-Riccardi ❶

Auf die Medici geht der Prototyp des adeligen Stadtpalasts, der Palazzo Medici-Riccardi, zurück. Unzählige Kopien des massiven und trotzdem eleganten Baus prägen bis heute das Stadtbild von Florenz. Bis zum Umzug in den Palazzo Vecchio war er Familienwohnsitz der Medici, 1659 wurde er an die Riccardi verkauft – daher der Doppelname.

Die neue Macht Cosimo de Medicis nach seiner Rückkehr aus der Verbannung 1434 unterstreicht nichts nachhaltiger als der von seinem Lieblingsarchitekten Michelozzo (ab 1444) errichtete Palazzo: Hier schmücken – bisher öffentlichen Bauten vorbehaltene – rustikale Quadersteine ein Privatgebäude! Die Fassade ist klar in drei Geschosse gegliedert; die groben Quadersteine des Untergeschosses werden im mittleren Geschoss von behauenen und im Obergeschoss von glatt verfugten Blöcken abgelöst. Und erstmals seit der Antike beschließt ein weit vorspringendes Gesims ein Florentiner Gebäude. Das Motiv des Rechtecks und der Dreiteilung wird von Michelozzo im eleganten Innenhof wieder aufgenommen – und dieser durfte künftig in keinem Adelspalast mehr fehlen. Doch nicht nur das Gebäude, auch die Innenausstattung, die im Rahmen einer Erweiterung des Museums-Parcours nun teilweise besichtigt werden kann, verherrlicht die führende Florentiner Familie. Selbst **barocke Malerei vom Feinsten** zeigt der Palazzo in der **Sala di Luca Giordano,** römische Skulpturen im **Museo dei Marmi** im stimmungsvollen kleinen Garten. Die Palastkapelle übertrifft jedoch alles.

****Cappella dei Magi**

Stolz reitet Lorenzo il Magnifico im Goldpanzer als einer der Heiligen Drei Könige: **Kein Bild drückt besser den Aufstieg der Medici-Dynastie aus** – selbst ihre Gleichsetzung mit biblischen Personen scheuten sie nicht mehr. Im Freskenzyklus **Zug der Heiligen Drei Könige** in der Cappella dei Magi gelang Benozzo Gozzoli ein großes Renaissancewerk. In lebhaften Farben porträtiert er vor einer weiten Landschaft prächtig gekleidete Menschen: Der junge Mann links (mit dem Geparden) ist der Bruder Lorenzos, Giuliano, der 1478 bei der Verschwörung der Pazzi im Dom ermordet wurde; die drei jungen Mädchen mit Federn sind Lorenzos Schwestern; hinter Lorenzo reiten sein Vater Piero il Gottoso und auf dem Muli daneben sein Halbbruder Carlo. Der Künstler selbst verewigte sich in dem Mann mit rotem Hut und der Inschrift »Opus Benotii« (Werk Benozzos). Zum großartigen Ambiente der Kapelle tragen die Holzdecke, das intarsiengeschmückte Chorgestühl und der geometrisch gemusterte Marmorboden bei (Do–Di 9–19 Uhr, Eintritt 7 €, 6–12, über 65 Jahre 4 €).

Buch-Tipp Eine überaus schillernde Chronik des die Stadt so lange beherrschenden Clans liefern Volker Reinhardt mit **Die Medici. Florenz im Zeitalter der Renaissance** (Beck, 1998) und James Cleugh mit **Die Medici – Macht und Glanz einer europäischen Familie** (Piper, 2002). Ein Sitten- und Liebesgemälde jener Zeit entwirft Salman Rushdie in seinem Roman **Die bezaubernde Florentinerin** (Rowohlt, 2009), der die Welt der Medici mit der Mogul-Kultur Indiens vereint.

****San Lorenzo**

Fast übersieht man vor lauter Marktständen die schmucklose Fassade der Familienkirche der Medici. Sie übten das Patronat über San Lorenzo aus und verleibten sich eine der geschichtlich bedeutendsten Florentiner Basiliken quasi als Hauskirche ein; San Lorenzo wurde 393 zur ersten Bischofskirche von Florenz geweiht. Giovanni di Bicci › S. 49 erteilte 1421 Brunelleschi den Auftrag zur radikalen Neugestaltung (Mo bis Sa 10–17.30, März–Okt. So, Fei 13.30–17.30 Uhr, Eintritt 3,50 €, Kinder bis 11 Jahre frei).

Innenraum

Der Innenraum zählt zu den Glanzpunkten der Renaissancearchitektur; seiner vollkommenen Harmonie liegen genaue mathematische Berechnungen zugrunde. Jedem Bogen des durch Säulen mit korinthischen Kapitellen gegliederten Hauptschiffs entspricht je eine Kapelle in den Seitenschiffen. Zwei Spätwerke Donatellos, deren Feinheit und Gefühlsbetontheit es zu bewundern gilt, sind die ***Bronzereliefs** der Kanzeln (um 1460). Besondere Beachtung verdienen der ausdrucksstarke Christus im Auferstehungsrelief der rechten Kanzel und die Kreuzabnahme gegenüber. Zu den schönsten Arbeiten Desiderio da Setti-

San Giovanni][San Lorenzo

gnanos zählt der **Sakramentsaltar** gegenüber der rechten Kanzel.

**Sagrestia Vecchia

Die kunstvoll mit Intarsien geschmückte Tür im linken Querschiff führt in die Alte Sakristei von Brunelleschi. Die klaren Linien und die genaue Proportionierung zeichnen diesen ersten vollkommenen Zentralbau seit der Antike aus; seine Apsis spiegelt

— ③ — **Medici, Michelangelo und Markt**

1 Palazzo Medici-Riccardi
2 San Lorenzo
3 Cappelle Medicee
4 Zentrale Markthalle
5 Cenacolo di Sant'Apollonia
6 Piazza San Marco
7 Universität
8 Galleria dell'Accademia
9 Opificio delle Pietre Dure
10 Rotunde Santa Maria degli Angeli
11 Museo Firenze com'era

— ④ — **Renaissancekunst, Mammuts und Antike**

12 Kloster und Kirche San Marco
13 Chiostro dello Scalzo
14 Giardino dei Semplici
15 Museum für Geologie und Paläontologie
16 Museum für Mineralogie und Gesteinskunde
17 Piazza Santissima Annunziata
18 Santissima Annunziata
19 Ospedale degli Innocenti
20 Museo Archeologico

San Giovanni][San Lorenzo

im Kleinen die Struktur des Gesamtraums wider. Einzigartig ist auch das von Donatello geschaffene Zusammenspiel von Architektur und Stuckdekoration: Ob der Fries mit den blauen Engelsköpfen und roten Seraphim, die Lünetten mit den Heiligen Kosmas und Damian (Schutzpatrone der Ärzte und damit auch der Medici; rechts), Lorenz und Stefan (links), die vier Tondi mit den Evangelisten oder in den Zwickeln die Szenen aus dem Leben des Evangelisten Johannes – jede Arbeit zeigt den Fantasiereichtum und das Können Donatellos, von dem auch die **Bronzetüren** stammen. In diesem Kleinod ruht sanft unter dem Sternenhimmel im Marmorgrabmal der Auftraggeber. Die letzte Ruhestätte von Piero und Giovanni de' Medici, Cosimos Söhnen, an der linken Wand schuf Andrea del Verrocchio 1472.

Donatello musste sich mit einem historisierenden Grabmonument aus dem 19. Jh. begnügen (letzte Kapelle des Querschiffs, rechte Wand), dafür schmückt eine zauberhafte *Verkündigung von Filippo Lippi den Altar. Welten entfernt von der Zartheit Lippis: das Fresko *Martyrium des hl. Lorenz von Bronzino (gegenüber der linken Kanzel), das den Manierismus auf dem Höhepunkt zeigt.

Restaurants

■ q.b. – quantobasta
Via de' Ginori 10r][**Tel. 0 55 21 14 27**
Sehr sympathische neue Weinbar, mittags mit günstigem Lunch-Buffet, abends Aperitif, Käse- und Salamispezialitäten, auch Restaurant mit mediterraner Küche. Mo, Di geschl. ●

■ Casa del Vino
Via dell'Ariento 16r
Tel. 0 55 21 56 09
Eine Florentiner Institution: Großartige Panini und Weine schmecken auch im Stehen. Mo–Sa 9.30–16.30, Juni–Sept. nur Mo–Fr.

Biblioteca Medicea Laurenziana

Das Orangenbäumchen in der Mitte verleiht dem reizenden *Kreuzgang links neben der Kirche eine heitere Note. An der rechten hinteren Ecke betritt man durch ein monumentales *Treppenhaus eine der berühmtesten Bibliotheken überhaupt – einzigartig wegen ihrer formvollendeten Architektur, aber auch wegen ihrer reichen Bestände. Fenster, Decke, Fußboden, Lesebänke, um jede Einzelheit kümmerte sich Michelangelo selbst, der hier ab 1523 im Auftrag des Medici-Papstes Clemens VII. ein praxisnahes

Figur der Abenddämmerung am Grabmal des Lorenzo I. de' Medici

Studienambiente für Laien schuf – im Mittelalter besaßen nur geistliche Institute große Bibliotheken. Cosimo de' Medici hatte, von humanistischen Bildungsidealen beseelt, den Grundstock der Bibliothek erworben – heute besitzt die Laurenziana **die bedeutendste Handschriftensammlung Italiens** (www.bml.firenze.sbn.it, Mo–Fr So 9.30–13 Uhr, Eintritt, nur für Ausstellungen geöffnet, Sammelticket mit Kirche San Lorenzo).

Cappelle Medicee 3

Die Cappelle Medicee (Zugang hinter San Lorenzo) sind ihr Eintrittsgeld wert: Immerhin betritt man ein über und über mit wertvollen Steinen bestücktes Schatzkästchen (Cappella dei Principi), und die Neue Sakristei hat Michelangelo selbst entworfen (tgl. 8.15 bis 16.50 Uhr, 2. und 4. So sowie 1., 3. und 5. Mo im Monat geschl.; Kartenvorbestellung › S. 138, Eintritt 6 €).

*Cappella dei Principi

Die rote, weithin sichtbare Kuppel dieser Kapelle von Matteo Nigetti bildet den äußeren Glanzpunkt der Grablege der Medici-Großherzöge. Cosimo I. plante diesen Rausch der Sinne, sein Sohn Ferdinando I. führte ihn aus. Aus der ganzen Welt ließ der Herzog seltene Steine und wertvolle Halbedelsteine zusammentragen. So sind die Wappen der toskanischen Städte aus Jaspis, Quarzen, Lapislazuli, Alabaster, Korallen und Perlmutt.

**Neue Sakristei

Auch die Neue Sakristei entstand als Grabmonument der Medici-Familie. Ihr Spross Papst Leo X. beauftragte 1520 den Besten – Michelangelo – mit der Ausführung, und dieser schuf das Modell für die manieristische Architektur der Zukunft. In Anlehnung an die Alte Sakristei von Brunelleschi konzipierte Michelangelo den Raum, fügte jedoch unterhalb der Kuppel, die dem römischen Pantheon nachempfunden ist, die elegante Fensterreihe mit Giebeln ein, um die vertikale Spannung zu erhöhen. Mächtige Wandpfeiler unterstreichen diese Dynamik, die sich auch in den Skulpturengruppen wiederholt, deren Würde und Eleganz man sich nur schwer entziehen kann: Der bewegte Körper des Kindes, die fein gearbeiteten Linien der ruhigen Madonna – obwohl das Werk unvollendet blieb, wird das Thema »Mutter und Kind« hier auf einzigartige Weise interpretiert.

Das Meisterwerk Michelangelos schmückt das **Grab von Lorenzo il Magnifico** und seinem Bruder Giuliano. Der muskelbepackte »Tag« und die junge schlafende »Nacht« (am Grab von Giuliano von Nemours, dem Sohn Lorenzos; rechts), die kräftige »Morgenröte«, die eben aus dem Schlaf zu erwachen scheint, und die einschlummernde »Abenddämmerung« (am gegenüberliegenden Grab Lorenzo da Urbinos, dem Enkel von Lorenzo il Magnifico) bilden eine wunderschöne Skulpturengruppe von bisher unbekannter Ausdruckskraft. Wie sehr Michelangelo vom bleibenden Wert seiner Arbeit überzeugt war, zeigt seine Antwort auf die Kritik der Zeitgenossen, das Gesicht Giulianos sei nicht naturgetreu gestaltet: »In zehn Jahrhunderten merkt das keiner mehr«.

7 Zentrale Markthalle 4 und Kleidermarkt

Nach so starken Eindrücken bummelt man am besten die Stände entlang bis zur **Zentralen Markthalle**. Von den Pariser Hallen (Les Halles) inspiriert, schuf Giuseppe Mengoni 1870 die elegante Eisen- und Glaskonstruktion. In den pittoresken Gassen des Marktes herrscht lebhaftes Treiben. Fisch, Fleisch, Käse und Brot, auch köstliche toskanische Spezialitäten bekommt man hier in der unteren Etage, mit frischem Gemüse und Obst für eine Pause kann man sich oben eindecken (Mo–Sa 7–14 Uhr). **Echt gut!** **Bis spät nachts sitzt man auf der Piazza del Mercato Centrale,** hinter der Markthalle, in den beliebten Café-Bars und Restaurants.

Rund um San Lorenzo und die Markthalle summt der Trubel des **Kleidermarkts.** Es lohnt sich, ein bisschen umherzuschauen, denn die Stände bieten neben Touristenware auch ansprechende Mode oder Handtaschen, und das zu günstigen Preisen. Auch in den kleinen Gässchen der Umgebung, **Echt gut!** vor allem in Richtung Dom, **kann man so manches Schnäppchen machen** (Mo–So ganztägig).

Restaurants

Wer angesichts der verlockenden Auslagen Appetit bekommen hat, kann auf dem Markt die deftige Florentiner Küche probieren. *Trippa alla fiorentina* (Kutteln in Tomatensoße), *Coniglio* (Kaninchen) und *Verdure fritte* (frittiertes Gemüse) sind bei Nerbone beliebte Gerichte (●). Auf der Piazza hinter den Hallen warten nette Cafés und ZaZa (**Nr. 26r, Tel. 0 55 21 54 11, ●–●●**), wo im urigen Keller sowie auf der Piazza toskanische Küche aufgetischt wird. Bei Rosso Pomodoro (**Nr. 22r, ●**) können Sie echt neapolitanische Pizza kosten, hausgemachtes Eis lässt man sich bei Le Dame (**Nr. 41r**) schmecken.

**Cenacolo di Sant'Apollonia 5

Herrliche Fresken mitten in Florenz ganz alleine betrachten? Im Cenacolo di Sant'Apollonia geht dieser Wunsch fast immer in Erfüllung. Ob es vielleicht daran liegt, dass man im ehemaligen Refektorium der Benediktinerinnen gratis schauen darf? Ab 1445 malte Andrea del Castagno mit seinen Fresken »Auferstehung«, »Kreuzigung« und »Kreuzabnahme« über dem *Abendmahlsfresko (dem Bildnis des *Cenacolo*) ein typisches Bildprogramm für einen Klosterspeisesaal des 15. Jhs. Die Renaissancearchitektur des Speisesaals, das perspektivische Raumgefühl und die ausdrucksstarken Gesichter von Christus und den Aposteln zeigen, dass hier einer der bedeutenden Maler seiner Zeit am Werk war (tgl. 8.15–13.50 Uhr, 2. und 4.

San Giovanni][Um die Universität

Karte Seite 83

Mo sowie 1., 3. und 5. So im Monat geschl., gratis).

Restaurant

Nabucco
Via **XXVII Aprile 28r**
Tel. 0 55 47 50 07
Frühstück 7–15 Uhr, toskanische Mittagsküche, beliebt zum Aperitif, 200 italienische Weine. Mo–Sa 7–22 Uhr.

Um die Universität

Lebhaft und laut geht es zu auf der **Piazza San Marco** 6 und in den Bars rund um die **Universität** 7. 1321 richtete die Republik eine Art Studium Generale ein: Als eine der ersten Lehrkräfte hielt Giovanni Boccaccio Vorlesungen über Dantes »Göttliche Komödie«. Papst Clemens VI. (1342 bis 1352) bescherte Florenz die erste theologische Fakultät auf italienischem Boden. Lorenzo il Magnifico verlegte den Lehrbetrieb jedoch nach Pisa, wo der Großteil der Fakultäten bis zum Ende des Großherzogtums 1859 blieb. Erst 1923 durfte sich der Studienbetrieb in Florenz wieder offiziell Universität nennen. Heute ziehen vor allem die geisteswissenschaftlichen Fächer und der Lehrstuhl für Architektur Studenten aus ganz Italien an.

Shopping

Große und sehr gut sortierte Buchhandlungen sind Libreria Martelli (Via Martelli 26r), Feltrinelli (Via de' Cerretani 32r) und Feltrinelli International (Via Cavour 12r–20r); hier finden Sie auch Literatur in deutscher Sprache. Zu den Branchenriesen gehören Mel Bookstore (Via de' Cerretani 16r) und Edison (Piazza della Repubblica 27r); hier gibt es auch günstige Mittagsangebote im Café.

Kollektionisten

Florenz zog Ende des 19. Jhs. Intellektuelle aus ganz Europa an, wie den Maler Arnold Böcklin, den Historiker Robert Davidsohn oder den Kunstwissenschaftler Aby Warburg. Sie beschäftigten sich mit der Stadt und ihren Kunstwerken, die – auch durch die in Mode gekommenen Bildungsreisen des europäischen Bürgertums – eine neue Wertschätzung erfuhren. In seinem Film »Zimmer mit Aussicht« schildert James Ivory eine derartige Florenzreise nach der gleichnamigen Romanvorlage von Edward M. Forster (München, 1986). Viele Ausländer, vor allem Engländer, ließen sich auf Dauer in der Stadt nieder, kauften den verarmten Adeligen ihre Paläste ab – und begannen zu sammeln. Zum Glück für die Stadt vermachten ihr zahlreiche Kunstfreunde die Kollektionen, die gleichzeitig einen Rückschluss auf die Welt der Sammler in der Zeit um 1900 erlauben. Ein Musterbeispiel ist die Sammlung Herbert Horne (1864–1916), der – angewidert von der industriellen Revolution in England – nach Florenz kam, um seiner Liebe zu Kunst und Schönheit der Renaissance zu frönen. Er erwarb den Palast der Familie Corsi › S. 102 und richtete sich nach eigenen Worten die »feine herrschaftliche Wohnung eines gut situierten, gebildeten Renaissancemannes« ein.

*Galleria dell'Accademia 8

Die erste Kunstakademie Europas entstand 1563 unter Mitwirkung Vasaris, Ammannatis und Bronzinos. Großherzog Pietro Leopoldo eröffnete 1784 die der Universität angeschlossene Galleria, die den Studenten die Größe toskanischer Meister des 14.–16. Jhs. vor Augen führen sollte.

Heute sorgt eher der gewaltige Besucherandrang für Grenzerfahrungen; das berühmteste Werk des Museums, das Original des 4,10 m hohen David von Michelangelo, wird man wohl nie in Ruhe bewundern können.

Schon eher die Skulpturen der **Prigioni,** die – obwohl unvollendet – zu Michelangelos bedeutendsten Werken zählen. Generationen von Künstlern bis hin zu Auguste Rodin setzten sich mit diesen dramatischen Figuren auseinander. Die Sklaven *(prigioni)* der Erbsünde, die erst die christliche Botschaft erlöst, symbolisieren den zeitlosen Kampf der menschlichen Existenz um die Befreiung aus selbst geschaffenen Banden.

Es fällt schwer, sich von dieser eindringlichen Arbeit zu lösen und den nicht minder fesselnden Skulpturen *Evangelist Matthäus und **David zuzuwenden. Hinter der seit 2004 restaurierten und formvollendeten Figur des jungen Kriegers, der hier ohne Goliath dargestellt wird und auf den ersten Blick auch ein Werk der Antike sein könnte, steht ein politisches Programm: David scheint auf Goliath zu warten – und genauso wachte er vor dem Palazzo Vecchio als Symbolfigur der republikanischen Freiheit der Stadt. Heute steht vor dem Palast, ebenso wie am Piazzale Michelangelo, nur eine Kopie der Figur.

Die Galerie ist kein reines Michelangelo-Museum, hier sind

Michelangelos »David«

San Giovanni][Museo Firenze com'era

auch außergewöhnliche ***Arbeiten toskanischer Maler** zu sehen. Büsten von Franz Liszt und Lord Byron, um nur zwei von über 250 zu nennen, zählen zu den bekanntesten Werken der **Gipsoteca**, die Lorenzo Bartolini (1777–1850) anlegte. Die sehenswerte Sammlung russischer Ikonen des 16. bis 18. Jhs. ist in Italien einzigartig (www.polomuseale.firenze.it, Di bis So 8.15–18.50 Uhr, Eintritt 6,50 €, Reservierung › S. 138).

**Opificio delle Pietre Dure 9

Gleich in der Nähe schimmern Steine und nochmals Steine. Das Opificio delle Pietre Dure (Restauratorenwerkstatt) wurde eigens von Großherzog Ferdinando I. 1588 gegründet, um die Halbedelsteine für die Fürstenkapelle in den Cappelle Medicee › S. 85 zu bearbeiten. Die Kunst, aus harten Steinen *(pietre dure)* erlesen schöne Intarsien zu kreieren, zählt bis heute zu den handwerklichen Spezialitäten der Stadt. Ein kleines angeschlossenes Museum zeigt Meisterstücke von atemberaubender Schönheit. Im Opificio sind heute noch die weltweit besten Restauratoren am Werk; alte Stein- und Goldschmiedearbeiten, Skulpturen und Terrakotten werden hier sachkundig restauriert (Kasse Mo–Sa 8.15–13.20, Do sowie 1. und 3. Di im Monat bis 18.20 Uhr, Eintritt 4 €, 18–26 Jahre 2 €, unter 18, über 65 Jahre gratis).

Im Museum **Il Genio di Leonardo** können die Besucher **40 Maschinen Leonardo da Vincis in Originalgröße ausprobieren** – interessant ganz besonders für Kinder (Via de' Servi 66/68r, www.mostredileonardo.com, tgl. 10–19 Uhr, Eintritt 6 €, 6–18, über 65 Jahre 5 €).

*Rotunde Santa Maria degli Angeli 10

Nur ein paar Schritte weiter haben die Schüler des Centro linguistico di Ateneo im schönsten Renaissanccambiente Unterricht: Brunelleschi begann im Jahr 1433 den ersten frei stehenden Zentralbau der Renaissance, den innen oktogonal konstruierten Rundbau Santa Maria degli Angeli.

Restaurant

In der **Osteria dell'Ortolano** (Via degli Alfani Nr. 91r, ●) lebt die Tradition der Pizzicheria fort: Man tischt Salami und Käse auf, bereitet aber auch Speisen zum Mitnehmen zu.

Museo Firenze com'era 11

Hier schlendert man zumeist allein umher. Schade, denn die alten Stadtansichten und Aquarelle mit Straßenszenen des 19. Jhs. sind aufschlussreich. Die Pracht der Medici-Villen und ihrer Gärten hielt der Flame Justus Utens 1599 in zwölf Lünetten fest (Via del Oriuolo 24, www.museicivici fiorentini.it/firenzecomera, Mo bis Mi, 1. So im Monat 9–14, Sa bis 19, Juni–Sept. Mo, Di 9–14, Sa bis 19 Uhr, ermäßigt › S. 138).

Gleich neben dem Museum eröffnete 2007 in einem schön restaurierten einstigen Konvent das Kultur-, Buch- und Multimediazentrum **Biblioteca delle Oblate** (Via del Oriuolo 26, www.bibliotecadelleoblate.it). **Echt gut!** **Atemberaubende Ausblicke auf den Dom und die Stadt** genießt man in der eleganten **Caffeteria delle Oblate** bei mäßigen Preisen.

Renaissancekunst, Mammuts und Antike

– ❹ – Piazza San Marco ›
**Museo di San Marco ›
*Chiostro dello Scalzo › Giardino dei Semplici › Museum für Geologie und Paläontologie › Museum für Mineralogie und Gesteinskunde › *Piazza Santissima Annunziata › Santissima Annunziata ›
*Ospedale degli Innocenti ›
**Museo Archeologico

Dauer: 4–5 Stunden
Praktische Hinweise: Der Chiostro dello Scalzo ist nur Mo, Do, Sa vormittags offen. Für den Botanischen Garten, die Museen für Geologie, Paläontologie, Mineralogie und Anthropologie gibt es ein Sammelticket. Die Kirche Santissima Annunziata schließt zwischen 12 und 16 Uhr.

Kloster und Kirche San Marco

Der eindrucksvolle Klosterkomplex um die **Kirche San Marco** im Norden beherrscht die Piazza San Marco. Offensichtlich nahmen es die Silvestriner, die hier im 13. Jh. im Rahmen der großen Ordensbauten ihr Kloster errichteten, mit der Armutsregel nicht so genau, denn 1418 mussten sie die Anlage aufgeben; 1435 zogen reformierte Dominikaner ein. Generalvikar Antonino Perozzi, der 1446 als Bischof von Florenz und später als hl. Antoninus Karriere machte, war mit den richtigen Leuten befreundet: Cosimo de' Medici bezahlte einen Neubau. Der Lieblingsarchitekt des Medici, Michelozzo, begann 1437 mit den Arbeiten; in der Kirche blieb außer der Sakristei und der Apsis nicht viel Ursprüngliches erhalten; im Innenraum dominiert der barocke Prunk der Umbauten vom späten 16. bis zum 18. Jh.

**Museo di San Marco

Den künstlerischen Ausdruck tiefster Religiosität erfahren Besucher im Museo die San Marco. Michelozzos Architektur bildet den stimmungsvollen Rahmen für die unvergleichlich zarten Fresken des engelsgleichen Seligen – **Beato Angelico** – wie der Beiname des Mönchs Fra Giovanni da Fiesole (um 1400–1455) lautete. Ihn beflügelte seine Spiritualität zu Schöpfungen, die sich durch eine genaue Anwendung der Perspektive, die gekonnte Raumaufteilung und heitere Landschafts- und Architekturschilderungen auszeichnen. **Echt g Man gerät vor den Bildern fast selbst in Verzückung** – das wollte Fra

Kreuzgang des Museo di San Marco

Angelico auch erreichen: Jedem Mitbruder malte er zur Meditation eine Szene aus dem Leben Christi in die Zelle – einzigartig, da in Klöstern sonst nur Refektorium, Kapitelsaal und Kreuzgänge ausgemalt wurden (Zugang rechts neben der Kirche; Mo–Fr 8.15 bis 13.50, Sa, So bis 16.50 Uhr; 1., 3. und 5. So sowie 2. und 4. Mo im Monat geschl., Eintritt 4 €).

Bilder in Kreuzgang und Kapitelsaal

Eine uralte Zeder dient als Blickfang im anmutigen Kreuzgang Sant'Antonino, dessen Lebensgeschichte die Lünetten des Säulenumgangs ziert. Rechts vom Eingang betritt man die **Sala dell' Ospizio,** wo arme Pilger übernachteten – vornehmere Gäste logierten in der Foresteria (Gästehaus). Man sieht einige der schönsten Arbeiten Fra Angelicos, so das erste bekannte Altarbild der Renaissance, die *****Pala di San Marco** mit der Madonna, dem Kind und Heiligen im Gespräch. Im gegenüberliegenden Kapitelsaal wollte Fra Angelico auf ungewöhnliche Weise den Betrachter zum Nachdenken anregen: Er bereicherte das *****Kreuzigungsfresko** um viele Heilige und Ordensgründer, damit die Mönche, die hier wichtige Entscheidungen zu treffen hatten, ihre Rolle in der Heilsgeschichte reflektierten. Die gesamte Frontwand des riesigen Refektoriums nimmt das Fresko **Kreuzigung und Göttliche Vorsehung** von Giovanni Antonio Sogliani ein: Als dem hl. Dominikus Brot und Wasser fehlten, versorgten Engel die Dominikaner – passend für einen Speisesaal. Ein *****Abendmahlsfresko** von Domenico Ghirlandaio bewundert man im

San Giovanni][San Marco

Verkündigungsfresko von Fra Angelico im Kloster San Marco

kleinen Refektorium, das hochstehenden Laien als Speiseraum diente. Wollen Sie den Architekten der Klosteranlage kennenlernen? Michelozzo ist der Mann mit dem dunklen Hut in der Mitte der *Kreuzabnahme.

Weitere Werke von Fra Angelico

Ein Kleinod wartet an der Treppe beim Aufgang zu den Zellen. Vielleicht ist dieses Fresko die zarteste **Verkündigung,** die in der Renaissance überhaupt gemalt wurde. Die **Szenen aus dem Leben Christi** in den Zellen sind begnadete Schöpfungen Fra Angelicos; man besichtigt am besten zuerst die linken Zellen des linken Korridors und gelangt dann (am Ende des zweiten Ganges) zu den Priorszellen.

Die Doppelzelle im rechten Korridor (rechts) war einem hohen Gast vorbehalten: Cosimo de' Medici begab sich in der Karwoche zu geistigen Exerzitien ins Kloster. Hier sieht man ein Fresko der Heiligen Drei Könige, das wohl von Benozzo Gozzoli stammt.

*Bibliothek

Zuletzt wirft man einen Blick in die Bibliothek, ein Meisterwerk Michelozzos. Wenn die Mönche aus ihren engen Zellen in diesen lichtdurchfluteten Lesesaal traten, musste sie einfach die Lust zum Studieren packen!

An der Via Camillo Cavour

Wer diese Straße entlangspaziert, trifft auf das großartige **Casino Mediceo** (Nr. 57), das Bernardo Buontalenti für Francesco I. errichtete. Die knienden Fenster zählen zu den schönsten in Florenz! Etwas weiter überraschen im ***Chiostro dello Scalzo** 13 außergewöhnliche Fresken – nicht farbig wie sonst, sondern reliefartig monochrom. Andrea del Sarto ließ sich für seine Arbeiten von gezeichneten Skulpturen sowie von den Fresken Michelangelos in der Sixtinischen Kapelle in Rom inspirieren (Mo, Do, Sa 8.30 bis 13.50 Uhr, Aug. geschl., gratis).

Nachgebaute Erfindungen Leonardo da Vincis zeigt die **Galleria Michelangiolo** (Via Cavour 21, www.macchinedileonardo.com, tgl. 9.30–19.30 Uhr, Eintritt 6 €, bis 8 Jahre gratis).

Giardino dei Semplici 14 und Museen

Mitten in Florenz entspannen kann man im 2 ha großen Park, den Cosimo I. 1550 als einen der

San Giovanni][Santissima Annunziata

ersten Botanischen Gärten der Welt anlegen ließ. Beeindruckend sind die große Sammlung von Farnen, Palmen und Azaleen sowie die teilweise ins 18. Jh. zurückgehenden Eichen, Eiben und Ulmen (Eingang Via Micheli 3, Do–Di 9–19 Uhr, Eintritt s.u.).

Gleich mehrere didaktisch gut aufgebaute naturwissenschaftliche Museen liegen am Südrand des Giardino. Schon die Florentiner Großherzöge waren wissenschaftlich interessiert und schützten auch Galileo Galilei vor der katholischen Kirche. Jene Wissenschaftstradition bescherte Florenz neben den großen Kunstmuseen auch naturkundliche Sammlungen ersten Ranges. Im **Museum für Geologie und Paläontologie** ziehen ein Mammutskelett sowie weitere Skelette ausgestorbener Großsäuger gleich die Aufmerksamkeit auf sich. Besonders anschaulich ist die Entwicklung des Pferdes *(Equus stenonis, Equus stehlini)* dokumentiert (Do–Di 9–13, Sa bis 17 Uhr, Eintritt s.u.).

Der mit 151 kg zweitgrößte Topas der Welt und ein Aquamarin von 98 kg liegen neben vielen wunderschönen Exemplaren im **Museum für Mineralogie und Gesteinskunde**, dessen von den Medici begonnene Sammlung rund 50 000 Stücke besitzt (Do bis Di 9–13, Sa 9–17 Uhr). Eintritt Botanischer Garten, Museum für Geologie und Museum für Mineralogie jeweils 6 €, 6–14 Jahre 3 €, bis 5 und über 65 Jahre gratis, Sammelticket: 8 €, 6–14 Jahre 4 €, 3 Monate gültig, www.msn.unifi.it.

*Piazza Santissima Annunziata

Fast scheinen die beidseitigen Säulengänge mit der Kirche eine Kulisse für den Skulpturenschmuck der symmetrisch angelegten Piazza Santissima Annunziata zu bilden; die Großherzöge nutzten den Platz in diesem Sinne. Stolz reitet Ferdinand I., ein Standbild Giambolognas, dahin. Die grotesken Meeresungeheuer an den beiden Brunnen seines Schülers Pietro Tacca wirken eher verspielt. An einem Wochenende Anfang September findet auf der Piazza SS. Annunziata ein **Markt mit ökologischen Produkten** statt, bei dem Meister ihres Faches die Herstellung traditioneller Produkte zeigen.

Basilika Santissima Annunziata

Die Serviten errichteten um 1250 die Basilika Santissima Annunziata. Die Baumeister Michelozzo und nach ihm Leon Battista Alberti gaben der Kirche erst 1444 bis 1477 ihr heutiges Gesicht.

Ein **kleines Museum der Malerei der ersten Hälfte des 16. Jhs.** könnte nicht besser eingerichtet sein als der hübsche ***Kreuzgang** mit Glasdach von Michelozzo. Hier geht die Renaissance mit dem Klassizismus Andrea del Sartos und Franciabigios zu Ende; hier nimmt der Manierismus, vertreten durch die ersten Werke ihrer Schüler Pontormo und Rosso Fiorentino, seinen Anfang. Rechts vom Eingang bewundert man die **Himmelfahrt Mariä** von

Rosso Fiorentino, es folgen die **Heimsuchung** von Pontormo und die **Hochzeit Marias** von Franciabigio. Zu den schönsten Werken zählen die **Geburt Marias** und die **Ankunft der Heiligen Drei Könige** von Andrea del Sarto.

Links neben dem Kircheneingang lässt Alessio Baldovinetti die Geburt Christi in einer Arno-Landschaft stattfinden. Es folgen Szenen aus dem Leben des hl. Filippo Benizzi, eines im 17. Jh. kanonisierten Servitenmönchs, die bis auf das erste Bild alle von Andrea del Sarto erzählt werden.

Überaus prächtig öffnet sich das Kircheninnere im Glanz der barocken Umbauten des 17. und 18. Jhs. Fast die gesamte Ausschmückung des Gotteshauses wurde dabei erneuert, mit einem Prunk, den Florentiner Kirchen sonst eher selten bieten. Der imposante barocke Baldachin wirkt für das ***Renaissancetempelchen** Michelozzos fast zu pompös.

Hinter dem Silberaltar der Cappella dell'Annunziata verbirgt sich eine **Verkündigung** des 14. Jhs., die auf wunderbare Weise an der Wand erschien, als der Maler gerade schlief. Frisch Verheiratete sollten wie die Florentiner Paare der Madonna ein paar Blumen bringen – für ein langes, glückliches Eheleben!

Beeindruckend ist die Holzskulptur des hl. Rochus von Veit Stoß von Anfang des 16. Jhs. Man findet sie in der vierten Kapelle links des imposanten Presbyteriums (tgl. 7–12 und 16–19 Uhr, gratis).

*Ospedale degli Innocenti 19

Ein Heim für Findelkinder im Renaissance-Prachtbau: Bis 1875 konnten arme Mütter ihre Kinder in der linken Ecke unerkannt in den drehbaren Zylinder legen. Hier wurde ihnen, finanziert durch die Seidenzunft, eine angemessene Erziehung zuteil. In von schweren Hungersnöten und Seuchen heimgesuchten Jahren machten bis zu 900 Frauen davon Gebrauch.

Brunelleschi schuf ab 1419 das neuartige, mathematisch berechnete und durch einfache Formen überzeugende Gebäude. Erstmals dehnt sich ein Portikus über eine ganze Längsfassade aus. Perfekte Proportionen tragen zur großartigen Wirkung des Baus bei: Der Zwischenraum der Säulen entspricht ihrer Höhe und dem Abstand zur rückwärtigen Wand – ein Würfel entsteht, der seit der Antike als ideales Grundelement für harmonische Bauten angesehen wurde; unzählige Architekten nach Brunelleschi übernahmen das Prinzip. Die Wickelkinder in den ***Tondi** schuf Andrea della Robbia (1487).

In den Schlaf- und Aufenthaltsräumen der Kinder befindet sich heute eine ***Pinakothek.** Zu ihren Glanzstücken zählen die **Madonna mit Kind** von Botticelli, eine Terrakotta Luca della Robbias gleichen Themas und eine ***Anbetung der Heiligen Drei Könige** von Domenico Ghirlandaio (Kasse Do-Di 8.30–18.30, So, Fei bis 13.30 Uhr, Eintritt 4 €, 12–18,

San Giovanni][Museo Archeologico

über 65 Jahre 2,50 €, Kinder bis 11 Jahre gratis).

Museo Archeologico [20]

In wenigen Schritten gelangt man von der Piazza Santissima Annunziata durch einen großen Bogen zum bedeutenden Archäologischen Museum. **Die wichtigsten Funde der etruskischen Kunst in der Toskana** wurden hier zusammengetragen; die ägyptische Sammlung ist die zweitgrößte Italiens; und die römischen Kameen der Medici sind von erlesener Schönheit. Die deutschen Begleittexte zu den einzelnen Exponaten helfen (Mo 14–19, Di, Do 8.30 bis 19, Mi, Fr–So, Fei 8.30–14 Uhr, Tel. 05 52 35 75, Eintritt 4 €, Ermäßigungen › S. 138).

Einem Paukenschlag zum Auftakt gleicht die bronzene ****Chimäre von Arezzo,** ein überragendes etruskisches Kunstwerk der ersten Hälfte des 4. Jhs. v. Chr. Von hier geht es in zwei kleine Räume, wo verführerische etruskische und römische Schmuckstücke der Medici-Sammlungen liegen. Besonders die Ohrringe bestehen auch heute noch spielend neben zeitgenössischen Kreationen.

*Ägyptische Abteilung

Im Obergeschoss taucht man links in die chronologisch hervorragend angeordneten Säle der Ägyptischen Abteilung ein. Die Bier brauende Dienerin (Saal I) oder der in der Welt einzigartige ****Kampfwagen** (Saal III) lassen den Besucher staunen. Zu den prächtigsten Exponaten zählen das überlebensgroße farbige ***Reliefbild** (Saal V), die wundervollen blauen ***Vasen** und die ***Hieroglyphen-Rollen** in Saal VI sowie das bunte ***Wandfragment** in Saal VII. Nicht nur für Kinder

Die etruskische Chimäre von Arezzo

mögen die großen Sarkophage mit den Mumien besonders interessant sein, aber auch die Vitrinen mit Hausrat aus Binsen und Palmblättern sind faszinierend.

Etruskische Abteilung

Wer im Obergeschoss am Treppenaufgang rechts geht, betritt die Etruskische Abteilung. Zu den schönsten Grabsculpturen zählen der mit Kampfszenen bemalte *Amazonensarkophag (350–325 v. Chr.) in Saal IX und der *Sarcofago dell'Obeso in Saal X. Die naturalistische etruskische Kunst scheute sich nicht, den fettleibigen *(obeso)* Mann lebensnah statt schmeichelhaft zu porträtieren; die Architektur etruskischer Häuser kann man gut in der einzigartigen *Hausurne erkennen. Im langen Saal XIV mit *Votivgaben aus Bronze überraschen zwei Großskulpturen, die beeindruckende *Minerva-Statue und der **Arringatore (100–80 v. Chr.). Den aristokratischen Redner zeichnet erneut eine realistische Darstellung aus, die auch die kleinen Fältchen im Gesicht nicht verschweigt.

Weitere Säle

Links trifft man auf Saal XI der Ägyptischen Abteilung und auf die außergewöhnlichen **Bronzewerke der römischen und griechischen Antike** in Saal XIII: Zu bewundern sind hier *Idolino, ein prachtvoller junger Athlet, ein sehr beeindruckender männlicher *Torso, ein naturgetreu dargestellter *Pferdekopf sowie eines der ungewöhnlichsten Exponate des Museums, ein *Eichenast, aus dem sich eine Schlange windet. Rechts von Saal XIV taucht man in den etruskischen Alltag ein. Waffen, chirurgische Instrumente und Haushaltsutensilien zeugen davon. Von hier erreicht man die letzte Reise eines griechischen Kaufmanns des 7./6. Jhs. v. Chr. – der Schiffbruch vor der Insel Giglio wird sehr poetisch beschrieben.

Am Ende der Empore lenkt eine kostbare *Silberamphore aus Antiochien (4. Jh. n. Chr.) mit herausgetriebenen Reliefovalen den Blick auf sich.

Im Korridor darunter präsentiert die **Topografische Abteilung grandiose etruskische Hüttenurnen, Statuen, herrlichen Goldschmuck und die typischen Thronurnen aus Chiusi.

Meisterwerke der Griechen

Im zweiten Stock stehen in zehn Sälen **Attische Vasen, vom Anfang des 6. Jhs. bis zum Ende des 4. Jhs. chronologisch angeordnet – traumhafte Stücke. Im Korridor steht ein griechischer **Kouros (520 v. Chr.), dessen Körper selbst Michelangelo nicht besser hätte modellieren können. Versäumen Sie es aber nicht, sich zur Führung durch die schönste Abteilung des Museums anzumelden: die kostbare **Kameensammlung der Medici.

Die neugotische Kirche Santa Croce im gleichnamigen Viertel

Viertel Santa Croce

Nicht verpassen!
- Im Teatro del Sale ein Buffet genießen, zum Frühstück, mittags oder abends
- Den »David« von Donatello im Bargello bestaunen
- Bei Vivoli das beste Eis von Florenz essen
- Auf dem Flohmarkt auf der Piazza de' Ciompi stöbern
- Abends die lebhafte Atmosphäre auf den Plätzen des Viertels spüren

Zur Orientierung

Das Viertel Santa Croce westlich des historischen Kerns entwickelte sich in den letzten Jahren, vor allem zwischen dem Palazzo Vecchio und der Piazza Santa Croce, zu einem Hauptanziehungspunkt für Touristen. Entlang des Borgo dei Greci spazieren Tausende von Menschen täglich an den Souvenirläden vorbei.

Die Meisterwerke im schönsten Skulpturenmuseum der Stadt, dem Bargello, oder die einzigartigen Fresken Giottos in der gotischen Kirche Santa Croce wird man wohl nie alleine besichtigen können. In die Badia-Kirche, das Museum der Wissenschaftsgeschichte, die Casa Buonarroti und die Synagoge verirren sich hingegen nur wenige Besucher und in das nicht nur für Kinder hochinteressante Museo Antropologico höchstens Schulklassen.

Abseits der gängigen Hauptrouten bewahrt der Stadtteil seinen **Charme als Kleine-Leute-Viertel,** hier arbeiten noch Handwerker in winzigen *Botteghe,* existieren noch einfache Florentiner Nachbarschaftstrattorien. Rund um den Markt von Sant'Ambrogio spürt man das ursprüngliche Florentiner Alltagsleben. Am Abend trifft sich dort die Florentiner Szene, auch zum besonderen Event im wunderschönen Teatro del Sale.

Tour im Viertel Santa Croce

Im Viertel Santa Croce

– ❺ – **Palazzo Nonfinito** ❯ **Palazzo Pazzi-Quaratesi** ❯ *****Badia Fiorentina** ❯ ****Bargello** ❯ **Piazza San Firenze** ❯ *****Museo di Storia della Scienza** ❯ **Museo Horne** ❯ **Piazza Santa Croce** ❯ ******Santa Croce** ❯ **Casa Buonarroti** ❯ **Loggia del Pesce** ❯ **Mercato di Sant'Ambrogio** ❯ **Synagoge**

Dauer: 5 Stunden
Praktische Hinweise: Diese Tour beginnt in der Via del Proconsolo hinter dem Dom. Die Badia Fiorentina ist nur Montag nachmittags für Touristen geöffnet.

Palazzo Nonfinito ❶

Nur wenige Schritte südlich des Doms ❯ S. 62 zeigt das **Museo Nazionale di Antropologia ed Etnologia** im »unvollendeten Palazzo« eine reiche Kollektion. Von

Santa Croce][Badia Fiorentina

Kapitän Cook auf seiner dritten Reise gesammelte Objekte gehören ebenso dazu wie Utensilien malaiischer Kopfjäger oder die Tracht eines Priesters aus Tahiti. Vorwiegend Kunst- und Alltagsgegenstände Afrikas und Asiens sind versammelt (Do–Di 9–13, Sa bis 17 Uhr, Eintritt 6 €).

Palazzo Pazzi-Quaratesi ❷

Die Renaissancefassade des Palazzo Pazzi-Quaratesi nebenan verkleidete Giuliano da Maiano unten mit rustikalen Quadersteinen, oben setzen reich verzierte Biforien in der Wand Akzente. Das Motiv der Delfine an der Ecke, Wappentiere der Pazzi-Familie, nahm Giuliano im Innenhof, an den Kapitellen des Säulenumgangs, wieder auf.

*Badia Fiorentina ❸

Ein Kleinod im hektischen Florenz: Schon allein der romantische Kreuzgang lohnt den Besuch.

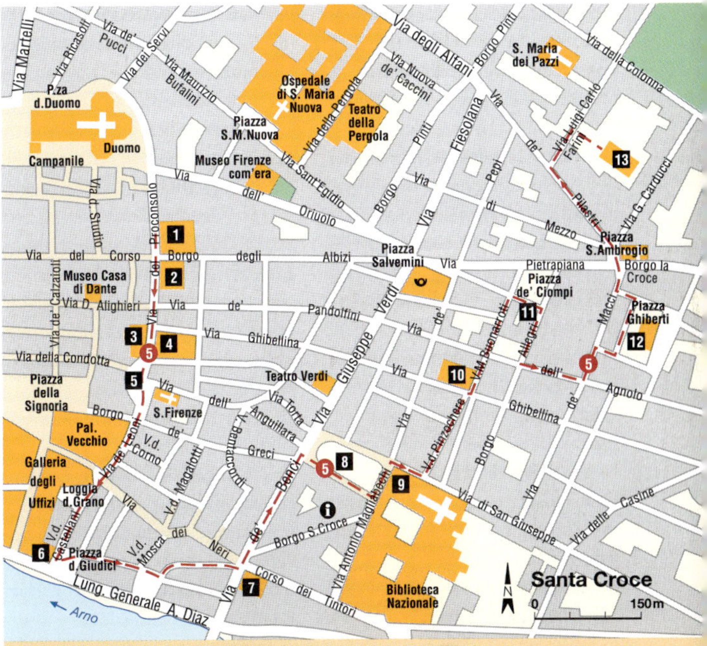

- ❺ – Im Viertel Santa Croce

❶ Palazzo Nonfinito
❷ Palazzo Pazzi-Quaratesi
❸ Badia Fiorentina
❹ Bargello
❺ Piazza San Firenze
❻ Museo di Storia della Scienza
❼ Museo de la Fondazione Horne
❽ Piazza Santa Croce
❾ Santa Croce
❿ Casa Buonarroti
⓫ Loggia del Pesce
⓬ Mercato di Sant'Ambrogio
⓭ Synagoge

Santa Croce][Badia Fiorentina

Die 978 gegründete und mehrmals umgebaute Badia (Abtei) erhielt 1627 ihr festliches Aussehen. Mino da Fiesole gestaltete zwei elegante Renaissance-Grabmäler: Über dem ***Grabmonument von Bernardo Giugni** (einem Richter) erhebt sich die Justiz; Diagonallinien gliedern das ***Grabmal des Markgrafen Hugo** unter der Sängerkanzel. Noch im herrlichen Originalrahmen: **Maria erscheint dem hl. Bernhard** von Filippino Lippi; mit fotografischer Genauigkeit porträtierte der Meister rechts unten den Auftraggeber Piero del Pugliese. Der ***Kreuzgang der Orangen** ist sehenswert – auch ohne Orangenbäumchen: Bernardo Rossellino schuf 1432 bis 1438 einen der ersten Renaissance-Kreuzgänge mit zweigeschossiger Loggia aus ionischen Säulen (Mo 15–18 Uhr, gratis).

Shopping

■ Feinstes Florentiner handgeschöpftes Papier und ledergebundene Alben finden sie bei **Lilium, Via del Proconsolo 77r,** und **Johnsons & Relatives, Via del Proconsolo 26r.**

■ **Wunderbar bunte, außergewöhnliche Keramik,** von Elisabetta Di Constanzo kreiert, gibt es bei **Arte Creta, Via del Proconsolo 63r.**

■ Trappistenbier, Seifen, Marmeladen: eine breite Palette an Klosterprodukten bietet **Monastica** im Innenhof der Badia **(Via Ghibellina 127r).**

8 ****Bargello** 4

Wenn es ein Museum gibt, das man in Florenz in jedem Fall besuchen sollte, dann den Bargello. Der festungsartige Stadtpalast ist ein würdiger Rahmen für eine der bedeutendsten Renaissanceskulpturensammlungen der Welt (tgl. 8.15–17 Uhr, 2. und 4. Mo im Monat geschl., Eintritt 4 €, Ermäßigungen › S. 138).

Als 1250 die Kaufleute an die Macht kamen, gaben sie diesen ersten kommunalen Amtssitz in Auftrag. Der ***Innenhof** mit den Wappen der Podestà und die reich dekorierten Prunksäle wie der ***Salone del Consiglio Generale** sind ein Blickfang. 1574 wurde der Palazzo Amtssitz des *Bargello*, des Polizeichefs, und ein düsteres Gefängnis.

Erdgeschoss

Hier wartet gleich ein frühes Werk Michelangelos: der leicht schwankende ***Bacchus.** Weitere Michelangelo-Skulpturen: der ***Tondo Pitti,** der ***David-Apollo** und die einzige Büste, die Michelangelo je schuf: ***Brutus,** von einem Medici-Gegner nach der Ermordung Herzog Alessandros in Auftrag gegeben. Michelangelos Nachfolge traten Benvenuto Cellini, der hier u.a. mit der eindrucksvollen ***Büste Cosimos I.** vertreten ist, und Giambologna an. Sein berühmter eleganter ***Fliegender Merkur** kann und sollte von allen Seiten betrachtet werden.

Hoher Ratssaal

Im hohen Ratssaal (1. Stock) bewundert man **den ersten Akt des Abendlandes seit der Antike:** Bei Donatellos fast schon erotischem ***Bronze-David** tritt das neue

Körperbewusstsein des Humanismus spektakulär zu Tage. Die Entwicklung des Künstlers zeigt ein Vergleich mit seinem eher statischen Marmor-David. Das Porträt des Söldnerführers Niccolò da Uzzano von Donatello und die Werke seines Schülers Desiderio da Settignano, **Der Junge** und die **Adelige Dame,** zählen zu den schönsten Renaissancebüsten. Immer ein dekorativer Blickfang: die emaillierten Terrakotten von Luca della Robbia.

»Büste eines Jungen«, Terrakottakunst von Luca della Robbia

Weitere Säle

In folgenden Sälen lässt sich schwelgen: Islamische Kunst, Elfenbeinarbeiten des 5.–17. Jhs. oder Glaskunst bis hin zu den wunderschönen Porzellanexponaten der Sala delle Maioliche.

Einen völlig anderen Bronze-David als Donatello schuf Andrea del Verrocchio, der Hauptvertreter der Bildhauerei in der zweiten Hälfte des 15. Jhs. Die fein modellierten Hände und das weich fallende Gewand sichern seinem Werk *Dame mit Blumenstrauß einen Platz unter den meisterhaften Porträtbüsten. Zu diesen zählt auch *Pietro Mellini – die Falten in seinem Gesicht und am Hals zeigen den Mut und die Geschicklichkeit von Benedetto da Maiano. Nicht zuletzt lohnt ein Blick auf die große Medaillensammlung.

Sala dei Bronzetti

Der Saal belegt den erlesenen Geschmack der Florentiner; zu den schönsten Bronzefigürchen zählen *Herkules und Antaeus von Antonio del Pollaiolo, eine fast expressionistische Skulptur, und **Ganimed** von Benvenuto Cellini.

Restaurant

Vom Frühstück über den Light Lunch zum Aperitif und bis spät nachts: Im **Moyo** trifft man sich **(Via de' Benci 23r, Tel. 05 52 47 97 38).**

Piazza San Firenze

Vorbei an kleinen Bars spaziert man vom Bargello weiter, bis sich mit der Piazza San Firenze ein eigentümlicher, doch harmonischer Platz öffnet. In Florenz passen eben selbst eine sehr bewegte Fassade wie die der ehemaligen Kirche San Firenze (heute Gerichtsgebäude) und die aristokratisch ruhende Frontseite des Palazzo Gondi zusammen.

*Museo di Storia della Scienza

Am mächtigen Palazzo Vecchio entlang erreicht man das Arnoufer und das Wissenschaftsmuseum. Die Linse, mit der Galileo Galilei (1564–1642) die Jupitermonde entdeckte, ist nur eines der Originalinstrumente des großen Wissenschaftlers, die im Museo di Storia della Scienza gezeigt werden. Astrolabien, Sonnenuhren, Kompasse und ein blauer arabischer Globus im ersten Saal, eine mechanische Rechenmaschine aus dem 17. Jh., deutsche Quadranten und mathematische Instrumente im zweiten. Florenz war und ist nicht nur eine Stadt der Kunst; die Wissenschaftstradition reicht zurück bis 1657, als Großherzog Ferdinando II. mit der Accademia del Cimento die erste Akademie der Wissenschaften der Welt gründete (Piazza dei Giudici 1, www.imss.fi.it, Juni–Dez. Mo, Mi–Fr 9.30–17, Di, Sa bis 13 Uhr, Eintritt 4 €, unter 18, über 65 Jahre 2 €; 2010 Eröffnung weiterer Säle, neue Anordnung und Öffnungszeiten, Tel. 0 55 26 53 11).

Museo della Fondazione Horne 7

Der Engländer Herbert Percy Horne kaufte den Renaissance-Palazzo der Familie Corsi zu Beginn des 20. Jhs. und richtete sich hier mit seiner Kunstsammlung häuslich ein › S. 87. Der *Hl. Stefan von Giotto ist ein Glanzstück des reich bestückten Museums im Palazzo, ebenso wie die Gemälde von Bernardo Daddi, Masaccio, Benozzo Gozzoli und Luca Signorelli (Via de' Benci, www.museohorne.it, Mo–Sa 9–13 Uhr, Eintritt 5 €, Kinder ab 6 Jahre 3 €).

Restaurants

■ **Francesco Vini**
Borgo de' Greci 7r][**Tel. 0 55 21 87 37**
Toskanische Küche, Pizzas aus dem Holzkohleofen und eine exzellente Weinauswahl genießt man auch draußen. So geschl. ●–●●

■ **Vivoli,** die beste Eisdiele der Stadt, lockt in die **Via Isola delle Stinche 7**.

Vasco Pratolini (1913–1991)

Echt gut!

Keiner beschrieb das Leben der einfachen Leute in Florenz mit so viel Einfühlungsvermögen wie der selbst aus einfachen Verhältnissen stammende Schriftsteller – ein Autodidakt, der sein Wissen von Dante und Jack London bezog und sich mit den verschiedensten Tätigkeiten durchs Leben schlug, bis er seiner wahren Berufung als Schriftsteller folgte. Beeinflusst von Elio Vittorini, Mitbegründer des neorealistischen Erzählstils in Italien, übt Pratolini in seinen Romanen Kritik an den sozialen Verhältnissen und dem Faschismus – als überzeugter Kommunist schloss er sich 1943 der Resistenza an. Sein erster großer Romanerfolg, »Chronik armer Liebesleute«, spielt in der Via del Corno hinter dem Palazzo Vecchio, in der Pratolini seit dem zwölften Lebensjahr aufwuchs. Mit seiner Schilderung des Alltagslebens der Bewohner um 1925 im faschistischen Florenz zeigt er eine Stadt, wie man sie heute vielleicht nur noch in San Frediano entdecken kann. In »Das Quartier« vermittelt er ein eindrucksvolles Bild vom Leben im Viertel Santa Croce.

Piazza Santa Croce 8

Einer der schönsten und beliebtesten Plätze der Stadt ist die Piazza Santa Croce: Grandiose Paläste, deren Obergeschosse z.T. noch auf mittelalterlichen vorspringenden Konsolen ruhen, umgeben den weiten Platz, der im Mittelalter den Franziskanern für ihre Predigten diente und heute u.a. den Spielern beim traditionellen *Calcio Storico* › S. 54.

Restaurant

Il Francescano
Largo Bargellini 16
Tel. 05 52 41 60 50
Nette Trattoria, gleich links von Santa Croce, auch Tische im Freien. ●-●●

Shopping

■ Auf der Piazza Santa Croce findet ein Bauernmarkt mit Produkten der Provinz Florenz an jedem 1. Sa im Monat statt (nicht im Juli, Aug.).
■ Viele kleine Läden an der Piazza führen Florentiner Lederwaren. Zu den größten heimischen Produzenten zählt **Peruzzi** (Borgo de' Greci 8r–14r, Borgo Santa Croce 27r–32r). Besonders schöne Taschen findet man in der **Scuola del Cuoio** (Via San Giuseppe 5r, Zugang auch über Santa Croce).

***Santa Croce 9

Dante wacht vor der neugotischen Fassade der Kirche, die Arnolfo di Cambio als dreischiffige Bettelordenskirche entwarf. Für die Kreuzgänge mit dem Museo dell'Opera und der Cappella Pazzi sowie die Kirche löst man ein Ticket (Mo–Sa 9.30–17.30, So ab 13 Uhr, Eintritt 5 €).

Grabmal des Galileo Galilei

Grabmäler und -platten

Weit öffnet sich der beeindruckende Innenraum mit den Originalfenstern aus dem 14. und 15. Jh. Man steht hier im Mausoleum Italiens: Über 270 Grabplatten bedecken den Boden, Gedenktafeln italienischer Größen schmücken die Wände. Im rechten Kirchenschiff ruht Michelangelo, es folgen Denkmäler für Dante und Niccolò Machiavelli. Hinter dem *Verkündigungsrelief von Donatello steht der *Prototyp der Renaissance-Grabmäler: Bernardo Rossellino schuf ihn für den Kanzler Leonardo Bruni; im linken Schiff befindet sich das *Renaissance-Grabmal des Humanisten Carlo Marsuppini von Desiderio da Settignano und die Begräbnisstätte Galileo Galileis.

Kapellen

Die großen Familien des 14. Jhs. gaben die Fresken der Kapellen in Auftrag – **gotische Malerei auf ihrem Höhepunkt erstrahlt in Santa Croce!** Zu den herausragenden Arbeiten Giottos zählen die ****Cappella Bardi** und auch die ****Cappella Peruzzi** (erste und zweite rechts vom Hauptaltar). Die beiden Zyklen aus dem Leben des Franz von Assisi sowie Johannes des Täufers und des Evangelisten Johannes markieren den Zenit der Schaffenszeit Giottos um 1330. Detailliert und farbenfroh erzählt er die Geschichten, stellt plastische Gestalten in eine realitätsnahe Architektur.

Die Fresken der ***Hauptchorkapelle** mit der Legende des wahren Kreuzes und der ***Cappella Castellani** (rechtes Querschiff, rechte Seite) stammen von Agnolo Gaddi, der erstmals Alltagsszenen in die Bilder einfließen lässt.

Sein Vater Taddeo malte mit dem Engel, der dem Hirten erscheint, in der ***Cappella Baroncelli** (Stirnseite, rechtes Querschiff) die erste Nachtszene in einem Fresko. Giottos bedeutendster Nachfolger, Maso di Banco, schuf in der ***Cappella Bardi di Vernio** (letzte Querhauskapelle links) Szenen aus dem Leben des hl. Silvester. Das Holzkreuz des jungen Donatello (Stirnkapelle des linken Querschiffs) kritisierte Brunelleschi als »Bauer am Kreuz« und schuf den ersten Christus ohne Lendentuch (zu sehen in Santa Maria Novella › S. 114). Über die Sakristei, in welcher sich in der ***Cappella Rinuccini** der farbenprächtigste gotische Maler, Giovanni da Milano, verewigte, gelangt man in die Scuola del Cuoio › S. 103.

*Museo dell'Opera di Santa Croce

Das ***Kreuz** von Cimabue im Museum in den Klosterhöfen wurde bei der Überschwemmung 1966 schwer beschädigt. Die Kreuzgänge laden zum Verweilen ein; lassen Sie sich von den Werken in der **Pinacoteca** und **einem der harmonischsten Renaissanceräume,** der ****Cappella Pazzi,** verzaubern. In Konkurrenz zu den Medici gab Andrea de' Pazzi Brunelleschi den Auftrag. Die ***Terrakotten** stammen auch hier von Luca della Robbia.

Casa Buonarroti

Im Gässchengewirr des Viertels Santa Croce steht das Haus, das Michelangelo 1516–1525 be-

In der Capella Pazzi

Santa Croce][Synagoge

Karte Seite 99

wohnte, die Casa Buonarroti. Das Museum besitzt zwei Marmorreliefs des Meisters, ***Madonna della Scala** und ***Schlacht der Centauren** (Via Ghibellina 70, www.casabuonarroti.it, Mi–Mo 9.30–16 Uhr, Eintritt 6,50 €, 12–18, über 65 Jahre 4,50 €).

Loggia del Pesce 11

Weiter geht die Erkundung in die engen und belebten Altstadtgassen. Viele Häuser wurden hier 1936 von den Faschisten abgerissen oder erst nach dem Krieg teilweise saniert. Leer blieb etwa die Piazza de' Ciompi bei der Loggia del Pesce; die hübsche Loggia, die Vasari 1567 für den ehemaligen Markt an der heutigen Piazza della Repubblica errichtet hatte, wurde hier 1951 wiederaufgebaut.

Mercato di Sant'Ambrogio 12

Man spürt den ursprünglichen volkstümlichen Charakter des Viertels Santa Croce, je näher man dem wohl untouristischsten Markt in Florenz kommt, dem Mercato di Sant'Ambrogio (Mo bis Sa 7–14 Uhr).

Shopping

Auf dem täglichen Flohmarkt von Sant'Ambrogio wühlt man sich durch allerhand Krimskrams und Secondhandmode. Am letzten Sonntag im Monat lohnt der **noch größere Floh- und Antiquitätenmarkt** den Besuch.

Imbiss

An den **Imbissständen** des Mercato Sant'Ambrogio und in den umliegenden **Trattorien** kann man fernab vom Touristenrummel preiswert Florentiner Spezialitäten genießen.

Synagoge 13

Einen Hauch von Orient verleiht dem Stadtteil die zwischen 1874 und 1882 errichtete Synagoge mit der reichen maurisch-byzantinischen Innenausstattung. Ihre grüne Kuppel ist weithin sichtbar und zählt zu den Wahrzeichen der Stadt. Das angeschlossene **Museo Ebraico** zeigt sakrale Kunst ab dem 17. Jh. (Via Farini 4, Fr 10–14, April–Sept. So–Do 10–18, sonst bis 15 Uhr, Eintritt 5 €).

Ein schöner Spaziergang führt entlang der Via Pietrapiana und dem Borgo degli Albizzi zurück zum Palazzo Nonfinito an der Via del Proconsolo. Die schönen Fassaden der Stadtpaläste aus dem 16. Jh. am Borgo degli Albizi locken ebenso wie die vielen interessanten Läden.

Restaurants

■ **Trattoria il Giova**
Borgo la Croce 73r
Tel. 05 52 48 06 39
Beliebtes Lokal mit klassisch italienischer Küche. ●

■ **Caffè Sant'Ambrogio**
Piazza Sant'Ambrogio 7r
Tel. 05 52 47 72 77
Mittags hervorragende Panini, abends Aperitif, nachts In-Treff und Weinbar.

■ **Teatro del Sale**
Tel. 05 52 00 14 92
www.teatrodelsale.com
Ein wahres Erlebnis: Buffet mit Theater oder Konzert in wunderschönen Räumen.

Special][Handwerk

Special
Stöbern und Staunen

Bei einem Streifzug durch die Viertel Santa Maria Novella, Santa Croce, Santo Spirito oder San Frediano offenbart sich das ursprüngliche Florenz der Handwerker, Kunsthandwerker, Krämer und Händler. Hier kauft man sein Schreibpapier noch im Papierwarenladen an der Ecke; Kurzwarenhändler *(mercerie)* und Eisenwarenhändler *(ferramenta)* wurden noch nicht von Kaufhäusern und Hobbymärkten verdrängt.

In den *botteghe artigianali* der Möbelrestauratoren, Polsterer und Kunstschnitzer leben alte Fertigungstechniken und Modelle fort. Viele hoch spezialisierte Handwerker passten sich den Erfordernissen des internationalen Marktes an. Im Folgenden seien einige bewährte Adressen genannt. Anregungen und weitere Adressen sind zusätzlich im Internet unter http://de.firenze-online.com/laden zu finden.

Keramik und Porzellan

Die Porzellan-Manufaktur **Richard-Ginori** (seit 1737) ist immer einen Besuch wert (Verkaufsräume Via Rondinelli 15r–17r). Im Firmenmuseum kann man eine umfangreiche Porzellansammlung bewundern. Auf bemalte Terrakotta hat sich etwa **Sbigoli** (Via Sant'Egidio 4r) spezialisiert.

Museo delle Porcellane di Doccia
Via Pratese 31][Sesto Fiorentino
Tel. 05 54 20 77 67
Mi–Sa 10–13, 14–18 Uhr, Eintritt 6 €, 11–18, über 65 Jahre 4 €, bis 10 Jahre gratis.

Holz und Bilderrahmen

Handgeschnitzte Bilderrahmen, Engelchen und Ornamente findet man bei **Castorina** (Via Santo Spirito 15r). **Cornici Campani** (Via dei Servi 22r) bietet handgefertigte Rahmen in vielen Größen, Farben und Formen.

Handgewebte Stoffe

Bei **Antico Setificio Fiorentino** (Via Bartolini 4, San Frediano, Showroom Mo–Fr 9–13, 14–17 Uhr, Aug. geschl.) werden unter der Leitung von Alessandro Pucci wertvolle Stoffe nach alten Mustern aus den betriebseigenen Archiven hergestellt (seit 1796). **Lisio tessuti d'arte** (Via de' Fossi 45r) reproduziert z.B. den bezaubernden Stoff, der die »Primavera« von Botticelli umhüllt. Von **Busatti** (Lungarno Torrigiani 11r) stammen allerfeinste handgefertigte Stoffe aus reinen Naturfasern mit traditionellen Mustern, während **Le Telerie Toscane** (Sdrucciolo dei Pitti 15r) stilvolle Heimtextilien und herrliche Stoffe präsentiert.

Pietra dura und Scagliole (Alabasterglas)

Die Erben eines ganz großen Intarsien-Meisters sind bei **Leopoldo Menegatti** (Via della Vigna Nuova 78r) am Werk. Maßgefertigte Tischplatten mit Intarsien führt **Il Mosaico di Pitti** (Piazza Pitti 23r). Die älteste noch tätige Florentiner *Pietre dure*-Manufaktur betreibt **G. Ugolini** (Lungarno Acciaioli 66r–70r). *Pietre dure* sind Einlegearbeiten aus edlen Steinen.

Papierwaren

Marmoriertes Papier und traditionelles Florentiner Briefpapier bekommt man bei **Giannini** (Piazza Pitti 37r), ausnehmend schönes, handgefertigtes Papier, auch fein gebunden, führt **Il Torchio** (Via dei Bardi 17). Bei **Alberto Cozzi** (Via del Parione 35r) findet man edelsten Schreibbedarf, der zum alltäglichen Gebrauch fast zu schade ist. 1774 eröffnete **Francesco Pineider** (Piazza della Signoria 13r) seinen ersten Papierladen an gleicher Stelle, und bis heute gibt es hier feinstes Papier und Schreibzubehör.

Marmor, Bronze und Metall

Wie im Museum! **Antonio Frilli** (Via de' Fossi 26r) handelt seit 1860 mit Artikeln aus Marmor und Bronze. **Romanelli** (Borgo San Frediano 70) gießt Bronzestatuen und fertigt Kopien alter Skulpturen an. In einem ehemaligen Konvent entstehen die Eisenobjekte von **Valterio Certini** (Via San Niccolò 2).

Toskanisches Handwerk

Toskanische Spitzenhandwerker verkaufen in Santa Croce gemeinsam ihre Meisterwerke aus Keramik, Glas, Alabaster, fein gewebte Stoffe, Messer aus Scarperia oder Küchenartikel aus Bronze.
Maestri di Fabbrica
Borgo degli Albizi 68r

Artigianato e Palazzo

Drei Tage Mitte Mai stellen etwa 100 der besten Marmor-, Bronze-, Textil-, Keramik- und Schmuckkünstler ihre Produkte im Palazzo Corsini in der Via della Scala zum Verkauf (www.artigianatoepalazzo.it).

Santa Maria Novella

Nicht verpassen!
- Einen Blick in die Antiquitätenläden der Via de' Fossi werfen
- Im Latini echt toskanische Küche genießen
- In der Via della Vigna Nuova die neuesten Modetrends bestaunen
- Im Cenacolo von Ognissanti ein Renaissance-Fresko ganz alleine bewundern
- Verwöhnprodukte in der Apotheke von Santa Maria Novella erstehen

Santa Maria Novella][Ponte alla Carraia
Karte Seite 110

Zur Orientierung

Das Viertel Santa Maria Novella schließt sich westlich an den historischen Altstadtkern an. Die namengebende Renaissancekirche Santa Maria Novella beim Bahnhof und die heute barock geprägte Ognissanti am Arno bilden die beiden Mittelpunkte dieses Stadtteils, der Richtung Porta al Prato und Cascine-Park ausläuft. Einst lag das Viertel noch außerhalb des 1173–1175 erbauten Mauerrings, was im Namen Borgo (Vorort) Ognissanti noch anklingt. Heute spaziert man hier abseits der Verkehrs- und Touristenströme. So prägt eine eher vornehme Stille die bürgerliche Wohngegend mit den eleganten Geschäften. Im Mittelalter ging es hier lauter zu, denn die Textilindustrie von Florenz hatte hier ihr Zentrum. Höhepunkte der Renaissancekunst – wie der Palazzo Rucellai oder das Trinitätsfresko von Masaccio in Santa Maria Novella – warten am Weg, aber auch viel Barock, eine stilechte alte Apotheke der Dominikanermönche, die zeitgenössischen Skulpturen Marino Marinis und das erste Fotografiemuseum Italiens. Bewundern kann man auch die museumsgleichen Schaufenster der Antiquitätenhändler in der Via de' Fossi und im Borgo Ognissanti sowie die eleganten Roben der Modeboutiquen in der Via della Vigna Nuova.

Tour in Santa Maria Novella

Im Viertel Santa Maria Novella

– ❻ – Ponte alla Carraia 〉 *Palazzo Rucellai 〉 Museo Marini 〉 Casa Galleria 〉 *Ognissanti 〉 San Paolino 〉 Apotheke 〉 Piazza Santa Maria Novella 〉 Museo Nazionale della Fotografia 〉 **Santa Maria Novella

Freskendetail in der Spanischen Kapelle

Dauer: 4–5 Stunden
Praktische Hinweise: Der Cenacolo von Ognissanti ist nur Mo, Di und Sa vormittags geöffnet, die Kirche Ognissanti Sa–Do 7.15–12.30, 16–20, Fr nur 16–20 Uhr. Jeden Di vormittags ist Markt im Cascine-Park im Westen des Viertels.

Ponte alla Carraia ❶

Die Brücke wurde nach dem Ponte Vecchio 1218 als zweiter Flussübergang eröffnet. Sie musste

1948 neu aufgebaut werden, denn wie fast alle Brücken in Florenz zerstörten die deutschen Truppen 1944 auch diese. Besonders am Abend hat man von hier einen schönen Blick auf das Arnoufer.

Via della Vigna Nuova

Von der Piazza Goldoni spaziert man die Via della Vigna Nuova entlang, die **zweitwichtigste Modemeile der Stadt** (nach der Via de' Tornabuoni). Bummeln, gucken und vielleicht einkaufen: Die Boutiquen italienischer Designer laden zum Hereinschauen ein.

Café

Der richtige Platz für eine angenehme Pause beim Schlendern ist das modern gestylte, nette **Caffè Amerini** (**Via della Vigna Nuova 63r, So geschl.**).

*Palazzo Rucellai 2

Zentral an der Via della Vigna Nuova steht einer der großartigs-

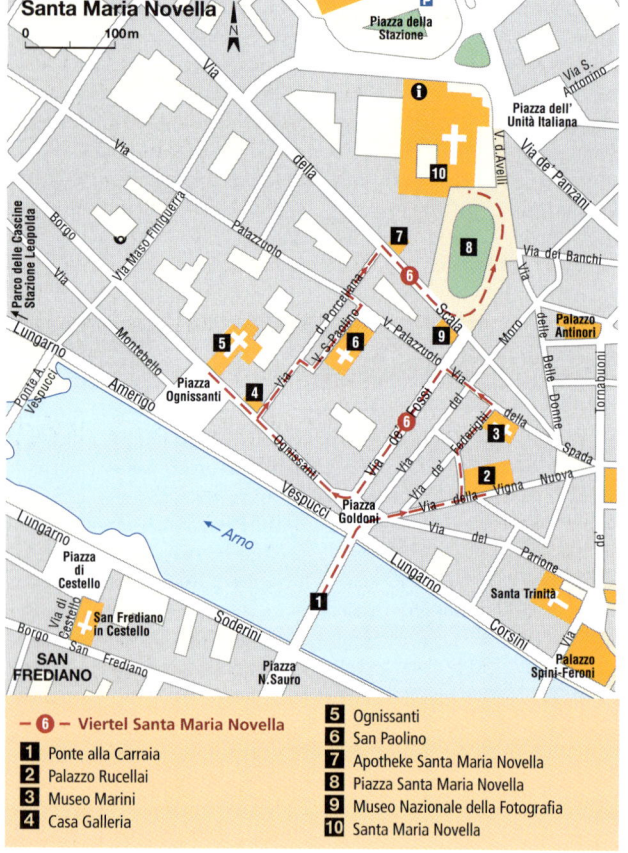

– 6 – **Viertel Santa Maria Novella**
1 Ponte alla Carraia
2 Palazzo Rucellai
3 Museo Marini
4 Casa Galleria
5 Ognissanti
6 San Paolino
7 Apotheke Santa Maria Novella
8 Piazza Santa Maria Novella
9 Museo Nazionale della Fotografia
10 Santa Maria Novella

Santa Maria Novella][Casa Galleria

ten Patrizierpaläste der Stadt. Leon Battista Alberti plante den Bau für den Kaufmann Giovanni Rucellai, dessen Wappen – das geblähte Segel – den Fries ziert. Erstmals seit der Antike verwendete hier ein Renaissance-Baumeister die klassische Anordnung mehrerer durch Lisenen gegliederter Stockwerke.

Nach Plänen Albertis vereinte Rossellino ab 1455 existierende Häuser hinter der Renaissancefassade – an der rechten Seite ist diese Vorgehensweise noch zu erkennen. Die Teilung in drei Geschosse verdeutlichen horizontale Zierbänder und vertikal aufstrebende Flachpilaster; ein vorspringendes Gesims schließt das dritte Geschoss ab. Doppelfenster, deren Arkadenrahmen in ein interessantes Spannungsverhältnis zu den sonst vorwiegend vertikalen und horizontalen Linien treten, ersetzen im ersten und zweiten Stock die rechteckigen Fenster des Erdgeschosses. Die perfekte Architektur des Palastes sollte Glanz und Machtposition seines Auftraggebers unterstreichen.

Museo Marini 3

Gigantische Pferde in einer ehemaligen Kirche – diese Kombination macht das Museum zu einem der interessantesten der Stadt. **San Pancrazio** beherbergt Gemälde und Bildhauerarbeiten des Pistoiesers Marino Marini (1901–1980). Die Pferdeskulpturen, Anleihen bei antiken Reiterstandbildern, zählen zu seinen eindringlichsten Werken. Die Vielfalt der modellierten Materialien – Bronze, Gips, Wachs, Holz, Terrakotta – weisen Marini als experimentierfreudigen Künstler aus. Oskar Kokoschka in farbigem Gips ist nur eines der Porträts von Persönlichkeiten des 20. Jhs. (Mo, Mi–Sa 10–17 Uhr, Aug. geschl., Eintritt 4 €, 6–12 Jahre 2 €).

Via de' Fossi

Für den Weg zur Piazza Ognissanti zurück über die Piazza Goldoni wählt man am besten die Via de' Fossi: Antiquitäten und Skulpturen machen die Schaufenster fast zu Museumsvitrinen. **Eine Augenweide sind die Auslagen von Il Novecento di Pandora, Cei und Bacarelli.** Die Tradition der Textilherstellung in diesem Viertel belebte **Lisio tessuti d'arte** 1906 wieder > Special S. 107. Wer bis zur Piazza Vittorio Veneto weiterschlendert, bekommt einige bemerkenswerte Villen des 19. Jhs. und noble Geschäfte zu sehen.

Restaurant

Baccus
Borgo Ognissanti 45r
Tel. 0 55 28 37 14
Weinbar, Restaurant, Pizzeria, günstige Mittagsteller, abends stilvoll. ●–●●

Casa Galleria 4

Auch dieses Prunkstück der Architektur des 20. Jhs. von Michelazzi (1911) findet sich im Borgo Ognissanti. Das graziöse Jugendstilhaus mit verspielter Fassade und raffinierter Linienführung erinnert an die manieristischen

Santa Maria Novella][Casa Galleria

Ognissanti: Barock in Florenz

Entwürfe von Buontalenti. Sehen Sie in die Schaufenster rund um die Casa: Die Antiquare besitzen **herrliche Möbel, Einrichtungsgegenstände und Gemälde!**

*Ognissanti 5

Die Barockfassade von Ognissanti belegt, dass beschwingte Linien auch im 17. Jh. Anklang fanden. Matteo Nigetti gliederte 1637 die bewegte Fassade durch breite Gesimse; Nischen und Fenster schmücken fantasievolle Rahmen. Ein riesiges Wappen der Stadt bildet den oberen Fluchtpunkt.

Innenraum

Barock herrscht auch im Innenraum, von der Nüchternheit der 1251 errichteten Kirche des Humiliaten-Ordens blieb so gut wie nichts erhalten. Wie unterschiedlich zwei der berühmtesten Renaissancemaler etwa zur gleichen Zeit (1480) eine vergleichbare Aufgabe meisterten, lässt sich am Bildnis des Augustinus (nach dem dritten Altar rechts) und dem des Hieronymus gegenüber studieren.

Sandro Botticelli malte Augustinus als einen von inneren Spannungen gezeichneten Mann; das Astrolabium weist wie das Buch mit den Theoremen des Pythagoras auf den Humanismus und die neuen Wissenschaften hin. Domenico Ghirlandaio zeigt Hieronymus naturalistischer, doch Spannung wie bei Botticelli fehlt. Brille, Kerze und Schere unterstreichen seine Auffassung vom Menschen als eine eher armselige Kreatur, vom neuen humanistischen Gedankengut fast keine Spur (Sa–Do 7.15–12.30 Uhr, gratis).

Ehemaliges Refektorium

Der Großstadtlärm scheint Ewigkeiten entfernt, wenn man links neben der Kirche (Nr. 42) den hübschen Renaissance-Kreuzgang und von dort das ehemalige Refektorium der Mönche betritt. Die stille Heiterkeit, mit der Garten und Vögel im Hintergrund das *Abendmahlsfresko von Domenico Ghirlandaio erfüllen, nimmt den Besucher sofort gefangen – zumal der reale Raum des Refektoriums im gemalten des Bildes fortgesetzt wird und man **als Betrachter mitten in der friedlichen Szenerie zu stehen scheint.** Die Fabeltiere der Tischdecke zählen zu den vielen schönen Details dieses Freskos (Mo, Di, Sa 9–12 Uhr, gratis).

San Paolino 6

Die barfüßigen Karmeliter ließen 1669–1693 den Bau, eine der stilreinsten Barockkirchen der Stadt, von Grund auf erneuern. Hinter der nüchternen Fassade verbirgt sich eine Innenausstattung aus dem 17. und 18. Jh. So verwundern auch Anklänge an den Prunk des römischen Barock von Gian Lorenzo Bernini keineswegs: G. B. Foggini ließ sich davon inspirieren, als er um 1700 die Grabdenkmäler der ersten Kapelle rechts schuf.

Apotheke Santa Maria Novella [7]

Leiden Sie nach so viel Kunst an Atemnot, schwankt der Boden unter Ihren Füßen? In der wunderschönen Apotheke der Mönche von Santa Maria Novella werden seit 1612 **Liköre, Seifen, Kosmetika und Bonbons aus eigener Herstellung** verkauft.

Piazza Santa Maria Novella [8]

Weit öffnet sich diese großzügige Piazza. Die Dominikaner waren ein Predigerorden, sie brauchten Platz für ihre Ansprachen ans Volk – und die Republik hatte ein Einsehen. 1287 wurde die Piazza auf Betreiben der Kommune angelegt, störende Häuser ließ man abreißen. Die Stufen der hübschen Loggia des Hospitals San Paolo gegenüber der Kirche dienen als Sitzplatz, um das lebhafte Treiben zu überschauen.

Reizvoll sind auch die kleinen Bronzeschildkröten von Giambologna, welche die Obelisken auf der Piazza tragen. Cosimo I. ließ sie als Wendemarken für den *Palio dei Cocchi*, ein 1563 eingeführtes Wagenrennen, aufstellen.

Museo Nazionale Alinari della Fotografia [9]

Seit 2006 hat im Hospital San Paolo am südlichen Platzende das Fotografiemuseum mit alten Fotoapparaten und Wanderausstellungen zeitgenössischer Fotografen seinen neuen Sitz. Die Brüder Alinari zählten um 1840 zu den Pionieren der Fotografie in Italien; seit 1852 hatten sie sich auf kunstvolle Aufnahmen berühmter Gebäude und eindrucksvolle Szenen aus dem Alltagsleben spezialisiert (www.alinarifondazione.it, So–Di, Do–Sa 10–19 Uhr, bei Ausstellungen abweichend, Info: Tel. 0 55 21 63 10, Eintritt 6 €, 6–18, über 65 Jahre 5 €).

Shopping

Der **Alinari-Shop** mit größerer Auswahl an der Via Nazionale (**Largo Alinari 15, Tel. 05 52 39 51, www.alinari.it**) bietet Fotoarbeiten der Alinari-Brüder. **Eine romantische Arno-Ansicht ist ein schönes Souvenir.**

**Santa Maria Novella [10]

Die anmutige Renaissancefassade von Santa Maria Novella schließt die Piazza gen Norden ab. Alberti gelang hier eine außergewöhnliche Verbindung. Das Rundfenster und der untere Part stammen aus der Gotik, die schmale Mittelzone, die seitlichen schneckenartigen Voluten sowie das Obergeschoss mit dem dreieckigen Giebel gestaltete hingegen Alberti ab 1458 (tgl. 9–17, Fr, So, Fei ab 13 Uhr, Eintritt 2,50 €, Kinder unter 12 Jahre gratis).

Innenarchitektur

Der offene Raumeindruck des fast 100 m langen, dreischiffigen Inneren wird durch die hohen, weiten, farblich akzentuierten **Arkaden** erreicht. Im Gegensatz zu anderen Bettelordenskirchen mit offenem Dachstuhl wählten die Dominikaner hier ein gotisches Kreuzgratgewölbe. Die kostbare **Ausstattung** verdankt die Kirche wohlhabenden Kaufleuten, die sich mittels prächtiger Fresken Seelenheil und Prestige sichern wollten. So beauftragten neben den Rucellai, welche die Fassade von Alberti mitfinanzierten, auch die Familien Ricasoli, Strozzi, Gondi und Tornabuoni die besten Künstler jener Zeit.

Cappella di Filippo Strozzi

Jede Familienkapelle glänzt mit exquisiten Meisterwerken. Filippo Strozzi wollte nach der Rückkehr aus dem Exil 1486 Präsenz beweisen: Mit dem Auftrag für den Palazzo Strozzi gab er 1489 Filippino Lippi auch den Zuschlag für die *Kapelle neben dem Hauptaltar (rechts). Die Fresken zeigen Szenen aus dem Leben des hl. Philippus, des Namenspatrons Strozzis. Lippis lebhafte Bilder weisen über die Renaissance hinaus, die Figuren in der Kreuzigung des Heiligen, die ausdrucksstarken Gesichter haben manieristische Züge. Er entwarf auch das Glasfenster.

Cappella Tornabuoni

Die berühmten Fresken der *Hauptchorkapelle mit Szenen aus dem Leben Marias (links) und Johannes des Täufers (rechts) gab Giovanni Tornabuoni 1485 bei Domenico Ghirlandaio in Arbeit. Wie die Sassetti-Kapelle in Santa Trinità ist auch dieser Zyklus getreues Abbild des Alltagslebens der High Society: Kleidung, Haartracht und Innenausstattung der Paläste bildete Ghirlandaio, wie es die Renaissancemalerei verlangte, möglichst naturgetreu ab.

Am deutlichsten sichtbar wird die Realitätsnähe in den Porträts der auftraggebenden Familie: Unter den von Ghirlandaio entworfenen Glasfenstern beten Giovanni Tornabuoni und seine Gattin Francesca Pitti; die junge Frau im Goldbrokatkleid in der »Geburt Marias« (linke Wand) ist Ludovica Tornabuoni, ihre Tochter. In der Szene »Der Engel erscheint Zacharias« (rechte Wand unten) entdeckt man acht Familienmitglieder und führende Humanisten ihrer Zeit.

In der nächsten **Kapelle der Familie Gondi** überzeugt die fast düstere, vorwiegend schwarzweiße Marmorarchitektur von Giuliano da Sangallo. Hier hängt auch das *Holzkruzifix von Brunelleschi, die erste nackte Christusdarstellung der Renaissance.

Masaccios **Trinitätsfresko

Das Trinitätsfresko (1427) von Masaccio im linken Längsschiff gilt als ==eines der bedeutendsten Werke der Renaissance.== Gottvater inmitten einer vollendeten Renaissancearchitektur – so etwas wagte man nur im selbstbewuss-

Santa Maria Novella][Im Westen des Viertels

ten Florenz. Masaccio übernahm die Bauten Brunelleschis ins Bild, nicht nur ihre äußere Form; auch die auf Brunelleschi zurückgehende Zentralperspektive wendete er als erster Maler perfekt an. Das auf den ersten Blick unscheinbare Bild revolutionierte durch die Einführung der Perspektive die Malerei – überwand die flach wirkenden gotischen Altarbilder mit Goldhintergrund.

Im linken Querschiff der erhöhten ***Strozzi-Kapelle** bieten die Fresken von Nardo di Cione und das Altarbild seines Bruders Andrea Orcagna einen Vergleich mit Masaccios Neuerung.

Museo di Santa Maria Novella

Etwas Abstand zum oft großen Gedränge in der beliebten Kirche gewinnt man in den ***Kreuzgängen,** die das Museum beherbergen (Zugang links der Kirche). In den Lünetten des Chiostro Verde (1330–1350) besonders sehenswert: Paolo Uccellos Version der Schöpfungs- und frühen Menschheitsgeschichte. Der großzügig dimensionierte Kapitelsaal wartet mit reichem ikonografischem Programm von 1367 auf: an der Stirnwand das Kreuzigungsthema, an der linken Wand der Triumph des Dominikaners Thomas von Aquin, rechts die kämpfende und siegreiche Kirche, unterstützt durch die »Hunde Gottes« (*domini canes* = Dominikaner).

Cosimo I. stellte den Saal 1540 dem spanischen Gefolge seiner Gemahlin Eleonora von Toledo

Masaccios Trinitätsfresko

zur Verfügung, daher trägt er den Namen *Cappellone degli Spagnoli* (Mo–Do, Sa 9–17, Fei 9–14 Uhr, Fr, So geschl., Eintritt 2,70 €).

Im Westen des Viertels

Ein Spaziergang führt flussabwärts zum **Cascine-Park**, der sich 3 km zwischen Arno, Kanal Macinante und dem Flüsschen Mugnone erstreckt. Hier kann man dienstags über den Markt › S. 35 bummeln, im Ippodromo Galopprennen zusehen oder das Amphitheater besuchen. Die **besten Diskos zum Tanzen** in heißen Sommernächten befinden sich im Park. Die **Stazione Leopolda** › S. 39 nördlich vom Parkeingang ist ein angesagter Event-Ort.

Oltrarno

Nicht verpassen!
- Im Giardino di Boboli im Grünen spazieren
- Abends auf der Piazza Santo Spirito im Freien speisen
- Vom Piazzale Michelangelo aus über Florenz blicken
- Einem Handwerker bei der Arbeit zuschauen
- Die elf Raffael-Gemälde in der Galleria Palatina bestaunen

Oltrarno][Touren im Oltrarno

Karte
Seite 120

Zur Orientierung

Oltrarno, jenseits des Arno, liegt einer der lebhaftesten und volkstümlichsten Stadtteile. Klopfen, Hämmern und Sägen hallen in den Straßen wider. In den Gassen rings um das Renaissancekleinod Santo Spirito ist die Tradition des Florentiner Kunsthandwerks mit kleinen *Botteghe* bis heute lebendig, in der Via Maggio zeigen die großen Antiquare ihre museumsreifen Exponate. Und im Viertel San Frediano trifft man sie noch – die Signoras, die gegen Abend ihre Stühle vor die Tür stellen und mit der Nachbarin ein Schwätzchen halten, unbeeindruckt von den mächtigen Mauern des Palazzo Pitti oder dem einzigartigen Freskenzyklus der Brancacci-Kapelle in Santa Maria del Carmine. Hier scheint Florenz noch ganz den Florentinern zu gehören. Wer sich etwas Zeit nimmt, kann in diesem Stadtteil in den Florentiner Alltag eintauchen.

Die Piazze Santo Spirito und Santa Maria del Carmine sind aus dem Nachtleben der Florentiner nicht mehr wegzudenken. Hier lassen es Einheimische und Touristen spät werden. Einmalige Stadtansichten von oben erwarten Sie bei einem Aufstieg in die Hügel, am Rande des Viertels, im Giardino di Boboli, im Giardino Bardini, am Forte Belvedere, dem Piazzale Michelangelo oder vor San Miniato al Monte. Die rote Domkuppel, der schlanke Turm des Palazzo Vecchio und die grüne Kuppel der Synagoge dienen als Blickfang im Tal, durch das sich das silberne Band des Arno unter dem Ponte Vecchio hindurchschlängelt.

Touren im Oltrarno

Rund um den Palazzo Pitti

– ❼ – ***Santa Felicita › **Palazzo Pitti › **Giardino di Boboli › Museo della Specola**

Dauer: 5 Stunden
Praktische Hinweise: Der Palazzo Pitti beherbergt sieben Museen. Für Galleria Palatina, Appartamenti Reali und Galleria d'Arte moderna gilt ein Ticket (8,50 €), ebenso für Giardino di Boboli, Museo degli Argenti, Galleria del Costume und Giardino Bardini (7 €).

Im Innenhof des Palazzo Pitti

*Santa Felicita 1

Neben dem Ponte Vecchio sieht man den Korridor von Vasari, einen Fluchtweg, den ein eleganter Portikus vor der Fassade von Santa Felicita stützt. Die kleine Kirche, die ihr heutiges barockes Erscheinungsbild im 18. Jh. erhielt, zählt mit San Lorenzo zu den ältesten christlichen Kultstätten der Stadt. Bereits im 4. Jh. trafen sich hier syrisch-griechische Christen zum Gebet. Heute bewundert man in der **Capponi-Kapelle** (gleich rechts) den **manieristischen Malstil in seiner vollen Blüte:** Pontormo erzielte mit einer feinen, leuchtenden Farbgebung in der *Grablegung Christi eines seiner Meisterwerke. Beim plastisch geformten Engel des Verkündigungsfreskos treten in seinem leicht verdrehten Körper Merkmale des Manierismus voll zutage (Mo–Sa 9.30–12.30, 15.30 bis 18, So 9.30–12.30 Uhr, gratis).

Echt gut!

Restaurants

■ **Golden View Open Bar**
Via de' Bardi 58r][Tel. 0 55 21 45 02
Der traumhafte Blick auf den Ponte Vecchio und die leichte mediterrane Küche ziehen die Gäste an. Bar, Pizzeria, Live-Jazz. Tgl. 11.30–2 Uhr. ●●●

■ **Il Panino del Chianti**
Via de' Bardi 63r][Tel. 05 52 39 88 31
Nahe dem Ponte Vecchio, gute toskanische Panini, ab 18 Uhr Aperitif mit Chianti-Weinen. ●

**Palazzo Pitti 2

Der riesige Komplex der einstigen Residenz der Medici erhebt sich wuchtig an der gleichnamigen Piazza. Schon die Verwendung von mächtigen Bossenwerksteinen zeigt den Machtanspruch, dem dieses Gebäude Ausdruck verleihen sollte. Cosimo de' Medici hatte das bisher öffentlichen Bauten (wie etwa dem Palazzo Vecchio) vorbehaltene Stilelement 1444 erstmals bei einem Privatpalast eingesetzt, dem heutigen Palazzo Medici-Riccardi. Die rivalisierende Familie Pitti zog 1458 nach, musste jedoch die Arbeiten um 1470 aus Geldmangel einstellen.

Sozusagen als späte Rache kaufte Eleonora von Toledo, Gattin des Medici-Herzogs Cosimo I., 1549 den Palast. Ab 1558 erweiterten Ammannati und im 17. Jh. seine Nachfolger den Bau unter Berücksichtigung der Formensprache Brunelleschis (von dem die ursprünglichen Pläne stammten) zum größten Florentiner Palazzo. Wie die 205 m lange und 38 m hohe Fassade beeindruckt auch der Innenhof von Ammannati durch seine klare Gliederung, hier erzielt durch stark akzentuierte Pilaster und Rundbogen (Tickets › S. 117, Infos: www.polomuseale.firenze.it).

Appartamenti Monumentali

Die Residenz der Medici-Großherzöge, später der Lothringer und des italienischen Königshauses, zählt heute zu den bedeutendsten Museumskomplexen der Stadt und bietet von Kutschen und Kostümen bis zu Caravaggio-Gemälden für jeden Kunstliebhaber etwas. Über vier Jahrhunderte ließen die herrschenden Familien bis hin zum italienischen Königshaus die Räume des Palastes gestalten. Feine Stuckarbeiten, wertvolle Gobelins und Seidentapeten, eindrucksvolle Fresken und außergewöhnlich schöne Originalmöbel im rechten Flügel beeindrucken jeden Besucher der prunkvoll ausgestatteten Appartamenti Monumentali.

**Galleria Palatina
Die reich verzierten barocken Räume der Galleria Palatina stellen den Kunstwerken ein unvergleichliches, für manche zuweilen auch ein erschlagendes Ambiente gegenüber. Besondere Aufmerksamkeit verdienen die von Pietro da Cortona ausgemalten mythologischen Säle (Saal der Venus, des Apoll, des Mars, des Jupiter und des Saturn) zur Piazza hin. Den Grundstock für die ausgestellte Gemäldesammlung legten die Medici, die Lothringer vervollständigten sie; allerdings erfolgte ihre **Hängung ausschließlich nach ästhetischen Kriterien.** So wurde eine dekorative Ordnung erzeugt, die bis heute erhalten geblieben ist und zur Faszination der Kunstsammlung beiträgt. **Kein Museum der Welt besitzt mehr Raffael-Gemälde (11),** zudem sind hier 13 der berühmtesten Tizian-Bilder, Werke Rubens, van Dycks, Caravaggios, Murillos sowie der Venezianer Tintoretto und Giorgione versammelt.

Man sollte auch die Maler der Florentiner Spätrenaissance, Andrea del Sarto und Fra Bartolo-

Die glanzvolle Galleria Palatina

meo, sowie deren exzentrische Schüler Rosso Fiorentino und Pontormo würdigen (Di–So 8.15 bis 18.50 Uhr, Tickets › S. 117).

Galleria d'Arte moderna
Der Schwerpunkt liegt auf der italienischen Malerei des 19. Jhs. Gut vertreten sind die Macchiaioli, eine toskanische Künstlergruppe, die Ende des 19. Jhs. Italiens Kunstschaffen stark beeinflusste. Ihre Farbflecktechnik (*macchie* = Flecken) kommt in den Landschaftsbildern des Livronesers Giovanni Fattori und bei den Arbeiten des Florentiners Telemaco Signorini am besten zur Geltung. Unter den Skulpturen ragen die klassizistischen Werke Antonio Canovas hervor (geöffnet s.o.).

*Museo degli Argenti

Edelsteine, Gold, Silber und Elfenbein – das Museum ist wahre Schatzkammer. Atemberaubend ist nicht nur die exquisite Vasensammlung von Lorenzo il Magnifico mit Stücken aus dem alten Rom, dem Sassanidenreich, Byzanz und dem Venedig des 14. Jhs. Wertvolle Goldschmiedearbeiten glitzern gleich in mehreren Sälen, einige stammen von Balthasar Permoser und anderen süddeutschen Künstlern. **Die Piazza della Signoria in Gold und Edelsteinen** ist nur eines der vielen Schmuckstücke (Nov.–Febr. tgl. 8.15–16.30, März–Mai, Sept. bis 18.30, Juni–Aug. bis 19.30, Okt. bis 17.30 Uhr, 1. u. letzter Mo im Monat geschl., Tickets › S. 117).

10 **Giardino di Boboli**

Von so viel Prunk erholt man sich beim Spaziergang durch einen der

— ❼ — **Rund um den Palazzo Pitti**
1. Santa Felicita
2. Palazzo Pitti
3. Giardino di Boboli
4. Museo della Specola

— ❽ — **Unterwegs in Santo Spirito und San Frediano**
5. Piazza Santo Spirito
6. Santo Spirito
7. Piazza del Carmine

Oltrarno][Weitere Museen

großartigsten italienischen Renaissancegärten. Der elegante Palastgarten erstreckt sich den Hügel hinauf zum Forte Belvedere auf 45 000 m² und bildet seit 1766 eine der wenigen der Öffentlichkeit zugänglichen Parkanlagen in Florenz. Man schlendert über schön angelegte Wege; immer wieder spitzt ein Brunnen, eine Skulptur zwischen dem Grün hervor (Öffnungszeiten wie Museo degli Argenti, Tickets › S. 117).

Kaum steigt man vom Innenhof des Palazzo Pitti die Treppe hinauf, erblickt man erstaunt ein Freilufttheater, in dem Ende des 16. Jhs. nicht nur große Feste gefeiert wurden, sondern auch die ersten Opernaufführungen der Welt stattfanden – die europäischen Fürstenhöfe setzten damals alles daran, Prunk und Feste der Medici-Großherzöge zu kopieren. Der ägyptische Obelisk aus Luxor ist schon über 3500 Jahre alt. Geht man am oberhalb gelegenen Wasserbecken (Teil der Caracalla-Thermen in Rom) mit der beschwingten Neptunstatue vorbei nach links, erreicht man das Kaffeehaus (zzt. geschl.). Großherzog Pietro Leopoldo aus Österreich hatte wohl Heimweh nach Wien, als er 1776 den kleinen Rokokopavillon in Auftrag gab. Hier genießt man **eine der schönsten Aussichten auf Florenz.** Weiter unten begegnet man zwei großen gefangenen Parther-Kriegern aus dem 2. Jh. oder dem Zwerg Morgante auf dem Rücken einer Schildkröte. Der Hofnarr von Cosimo I. und die bizarre Grotte von Buontalenti in der nordöstlichen Parkecke zeigen die Vorliebe der Zeit für das Groteske. **Richtig romantisch ist die Stimmung beim reizenden *Isolotto** im Südosten des Parks.

Weitere Museen

Selbst auf Modefragen gibt der Park eine Antwort: Die **Galleria del Costume** in der neoklassizistischen Palazzina della Meridiana präsentiert Mode von Anfang des

18. Jhs. bis in die 1920er-Jahre ❯ S. 37 (Zugang vom Palazzo Pitti aus). Die üppig verzierten Kutschen im **Museo delle Carozze** zeigen, wie man früher reiste (zzt. wegen Restaurierung geschl.). Im Garten ganz oben liegt das sehenswerte **Museo delle Porcellane** (geöffnet wie Museo degli Argenti ❯ S. 120, Tickets ❯ S. 117).

Cafés

■ Das Caffè Pitti an der Piazza del Pitti (**Nr. 12r, Tel. 05 52 39 98 63**) lädt zur Pause im Jugendstilambiente ein. Bis spät nachts treffen sich hier Künstler – und alle, die sich in deren Milieu wohlfühlen.

■ Bei Dolcissima, **Via Maggio 61r,** schmecken die kleinen Törtchen einfach unwiderstehlich! (Mo und Aug. geschl., Juni/Juli So geschl.)

Shopping

Bei Giannini an der Piazza dei Pitti (**Nr. 37r**) kann man **edle Schreibtischutensilien und marmoriertes Papier** erstehen ❯ Special S. 107.

Echt gut!

Museo della Specola ❹

Die Sammelleidenschaft von Großherzog Pietro Leopoldo bildete 1775 den Grundstock für ein sehr gut bestücktes Zoologisches Museum südwestlich des Palazzo Pitti an der Via Romana. Gezeigt wird eine Fülle von Lebewesen, ein großes Spektrum dessen, was sich auf der Erde, in der Luft und im Wasser rührt. Schädel von afrikanischem Großwild, ausgestopfte Krokodile, bunt gefiederte Vogelarten und Meerestiere sind zu sehen, allerdings sind die Exponate nur italienisch und lateinisch beschriftet. Eine Rarität, die sensible Naturen lieber meiden sollten: die 1400 Stücke umfassende Anatomiesektion. Clemente Susini schuf 1775–1814 aus Wachs die verblüffend echt wirkenden Körper und Körperteile, deren wissenschaftlich genaue Proportionen ebenso faszinieren wie ihre eigenartige Schönheit (Via Romana 17, www.msn.unifi.it, Di–So 9.30–16.30 Uhr, Eintritt 6 €, 6–14, über 65 Jahre 3 €; engl. Einführung an der Kasse erhältl.).

Unterwegs in Santo Spirito & San Frediano

– ❽ – Piazza Santo Spirito ❯ *Santo Spirito ❯ Cenacolo di Santo Spirito ❯ Piazza del Carmine ❯ Santa Maria del Carmine ❯ **Brancacci-Kapelle ❯ San Frediano in Cestello

Dauer: 3 Stunden
Praktische Hinweise: Besonders am Abend gehören die Piazza Santo Spirito und die Piazza del Carmine zu den beliebtesten Treffs in Florenz. Der Cenacolo di Santo Spirito ist nur samstags geöffnet.

Rund um die Piazza Santo Spirito ❺

Unwiderstehlich umfängt die Besucher die Atmosphäre des idyllischen Viertels an der baumbestandenen Piazza Santo Spirito

Oltrarno][Santo Spirito

mit ihrem hübschen Brunnen, um den bis spät nachts das Leben tost. Die kleinen Läden, Trattorien und vielen Handwerksbetriebe sorgen in diesem Stadtteil für ein lebhaftes Flair. In den Gässchen arbeiten Restaurateure, Rahmenmacher und Handwerker, die mit Stein, Eisen oder Holz in traditionellen Verfahren alte Kunstwerke kopieren, aber auch neue Ideen mit modernem Design verwirklichen. Das traditionelle Handwerk hat sich umgestellt und sieht in den Touristen neue Abnehmer seiner Produkte. Man kann bei der Arbeit in den *Botteghe* zusehen; viele Meister stellen die restaurierten Möbel zum Trocknen auf die Straße › Special S. 106.

Nicht versäumen sollte man die Gelegenheit zum **Besuch der Werkstätten in Santo Spirito** etwa im Rahmen einer Führung (Infos Q. N. Holidays, Via del Moro 95r, Tel. 05 52 65 45 87, www.qnholidays.it, Treffpunkt Mo und Do ab 15 Uhr vor dem Palazzo Pitti, 10 €).

Shopping

Donato Zaccaro (Sdrucciolo de' Pitti 12r) bietet Kreationen aus Silber, **Giancarlo Giachetti (Via Toscanella 5r)** originelle Skulpturen aus Eisen zum Verkauf, heitere Sternlampen die Handwerker **Borghesi & Chiti (Via Toscanella 33r)**. Antiquitäten findet man in den Adelspalästen der **Via Maggio**: herrliche Art-déco-Lampen und -Objekte bei **Traslucido (Nr. 9r)** und prachtvolle Leuchter in Bronze, Kristall und Holz bei **G. degli Albizzi & C. (Nr. 13).**

*Santo Spirito

Man vermutet hinter der schlichten Fassade von Santo Spirito kaum Meisterwerke der Renaissance. Brunelleschi begann 1444 den Neubau für die Augustinermönche in seiner klaren Formensprache, von verspielter internationaler Gotik fehlt hier jede Spur. Kuppel und Campanile wurden nach seinem Tod fertiggestellt, die Fassade blieb unvollendet und darum so schmucklos (Mo, Di, Do bis Sa 9.30–12.30, 16–17.30, So, Fei 16–17.30 Uhr, gratis).

Innenraum

Innen beeindruckt die Kirche durch unvergleichliche Harmonie. Die drei Längsschiffe, Querschiff, Vierung, Chor und Chorumgang – alle Teile werden von Granitsäulen mit korinthischen Kapitellen zwischen Rundbogen begrenzt; das Gesims darüber betont den einheitlichen Eindruck.

Über die Renaissance hinaus weisen die 40 umlaufenden **Kapellen**, die – wie sonst erst im Barock – die Wände aufbrechen. Natürliches Licht erhellt die Kirche; Kerzenschein und gotischer Zierrat waren überflüssig, denn hier sollte allein die Eleganz der Form Ehrfurcht wecken. Architektonische Vollkommenheit wie in der Antike war Brunelleschis Ziel. Wie nahe er diesem Ideal kam, erkennt man, wenn man vom Altar zum Eingang blickt. Auch erhielten alle Kapellen gleiche Altäre und jeweils ein Altargemälde des 15. Jhs. – Einheitlichkeit war auch bei Details wichtig. Im linken Querschiff ist die Originalausstattung erhalten, die meisten Kapellen wurden im 16. und 17. Jh. erneuert. Beachtung verdient ein **Altarbild** von Filippo Lippi im rechten Querschiff und ein Rosso Fiorentino im linken Seitenschiff.

Die prunkvolle **Decke des Vestibüls**, von korinthischen Säulen getragen, entstand ebenso nach Plänen von Giuliano da Sangallo wie die klar gegliederte **Sakristei**, deren dreizoniger Aufbau Michelangelo als Vorlage für die Sakristei in San Lorenzo diente.

Echt gut! Die schönsten Plätze am Abend

■ Wenn Sie viele Leute und Trubel mögen: Am Abend ist immer etwas los auf der **Piazza Santo Spirito** › S. 122.

■ Die High Society trifft sich an der **Piazza del Carmine** › S. 124.

■ Wer abends auf den **Piazzale Michelangelo** kommt, besonders am Wochenende, steht mitten in der Florentiner Abendgestaltung. Bis spät nachts fährt ein Auto nach dem anderen vor: Gruppen junger Florentiner in Feierlaune entsteigen ihnen › S. 128.

■ Stilvoll, vielleicht bei Pianomusik im Paszkowski, lassen Touristen und Einheimische den Tag auf der **Piazza della Repubblica** ausklingen › S. 77.

■ Die vielen Restaurants, Pubs und Cafés ziehen Menschen an die **Piazza del Mercato Centrale**. Hier essen, trinken und leben Sie nachts an einem der begehrtesten Plätze der Innenstadt › S. 86.

Cenacolo di Santo Spirito

Ein großartiges **Kreuzigungsfresko** von Andrea Orcagna nimmt die gesamte Querwand des Refektoriums (Cenacolo di Santo Spirito) neben der Kirche ein. Die kleine, aber feine **Sammlung Romano** hier umfasst Skulpturen von Tino da Camaino, Jacopo della Quercia und Donatello (Nov.–März Sa 10.30–13.30, April–Okt. Sa 9 bis 17 Uhr, Eintritt 2,20 €, Ermäßigungen › S. 138).

Restaurants

■ Auf der **Piazza Santo Spirito** hat man die Qual der Wahl: nur einen Salat oder doch ein Menü. Beides bieten die **Osteria Santo Spirito** (Nr. 16r, Tel. 05 52 38 23 83, tgl. ab 6.30 Uhr, ●–●●) und **Borgo Antico** (Nr. 6r, Tel. 0 55 21 04 37, Di geschl., ●–●●).

■ **Die echte neapolitanische Pizza** gibt es gleich um die Ecke im kleinen Lokal **Gustapizza** (Via Maggio 46r, Tel. 0 55 28 50 69, Mo geschl., ●●).

Nightlife

■ **Cabiria**
Piazza Santo Spirito 4r
Tel. 0 55 21 57 32
Auch Bar-Restaurant, aber vor allem ein Muss für die Nachtschwärmer. So–Do 8–1.30, Fr, Sa bis 2.30 Uhr.

■ **Popcafé**
Piazza Santo Spirito 18a/r
Tel. 0 55 21 38 52
Hier gibt es Vegetarisches zum Aperitif; Mo, Di mittags geschl.

Piazza del Carmine 7

Die Piazza del Carmine selbst wirkt auf den ersten Blick wenig einladend: Sie muss als riesiger

Oltrarno][Santa Maria del Carmine

Karte Seite 120

Parkplatz für Florentiner mit Anwohnerparkausweis herhalten. Dennoch entwickelte sich hier **ein quirliges Nachtleben.**

Nightlife

Dass die **Piazza del Carmine** zum nächtlichen Anziehungspunkt wurde, war zuallererst dem In-Café **La Dolce Vita (Nr. 6r)** zu verdanken. Modedesigner Roberto Cavalli öffnete an der Piazza den kristallen glitzernden, topgestylten **Cavalli Club (Nr. 7r)**, in dem sich die Florentiner Nightlife-Szene trifft. An der Verlängerung der Piazza im Westen, der **Piazza Piattellina**, ziehen die moderne Bar mit toskanisch-mediterraner Küche **O!O (Nr. 7r)** und das nette Café **Hemingway (Nr. 9r)** mit seinen exzellenten Schokoladenkuchen viele Gäste an.

Santa Maria del Carmine

Stein und Ziegel lassen die hohe Fassade der Kirche abweisend wirken, und so kommen nur wenige, um die ursprünglich 1268 von Karmelitern errichtete, nach einem Brand 1771 völlig erneuerte Kirche zu besichtigen.

**Brancacci-Kapelle

Der berühmte Freskenzyklus der Brancacci-Kapelle, die den Brand von Santa Maria del Carmine glücklicherweise unbeschadet überstand, wirkt – anders als die Kirche selbst – als Touristenmagnet, weshalb sie einen Extra-Eingang durch den neben der Kirche liegenden Kreuzgang bekam. Ein Rivale der Medici, Felice Brancacci, gab 1423 den Auftrag

Santa Maria del Carmine

für die Ausmalung mit Fresken an Masolino da Panicale und den noch jungen Masaccio. Nach der Rückkehr von Cosimo de' Medici aus dem Exil musste Brancacci in die Verbannung (1436), und die Arbeiten an dem Zyklus wurden unterbrochen.

Erst Filippino Lippi konnte sie nach 1480 zu Ende führen. Um die Einheit des Zyklus zu wahren, musste Lippi sich an den Stil seines Vorgängers anlehnen und die eigene lebhaftere Formensprache zurücknehmen, denn Masaccios Fresken waren bereits im 15. Jh. für ihre eindrucksvolle Menschendarstellung berühmt; Meister wie Fra Angelico, Leonardo da Vinci und Michelangelo kamen in die Kapelle, um sie zu studieren (Kasse Mi–Mo 10–16.15, So, Fei 13–16.15 Uhr; Eintritt 4 €, Ermäßigungen › S. 138, Reservierung möglich: Tel. 05 52 76 82 24).

Das Zinsgroschenfresko

Die klare Linienführung, die Realitätsnähe der Figuren und sein

Einfühlungsvermögen in ihre Charaktere sowie die vollkommene Beherrschung der Perspektive machen Masaccios Arbeit zu einem Glanzpunkt der Renaissancemalerei. Im Monumentalgemälde »Pagamento del Tributo« (»Der Zinsgroschen«) wird die Raumaufteilung augenfällig: Von den Aposteln umgeben steht Christus würdevoll im Mittelpunkt; der kecke, leicht tänzelnde Steuereinnehmer kehrt dem Betrachter den Rücken zu. Links weist Christus Petrus an, dem Fisch das Geldstück zu entnehmen, das Petrus rechts dem Steuereintreiber übergibt. Masolino blieb der späten Gotik stärker verhaftet, doch zeichnen sich seine Figuren durch eine besonders subtile Farbgebung aus und können sich durchaus mit den anderen im Gesamtzyklus messen.

Die Petrusfresken

Das Hauptthema der Fresken ist das Leben des Apostelfürsten Petrus. Die Szenenfolge beginnt mit Adam und Eva (rechte Seitenwand oben) und geht dann über zur Vertreibung aus dem Paradies (linke Seitenwand oben). Es folgen die Szenen: Der Zinsgroschen, die Predigt des Petrus, Taufe der Neophyten, Heilung des Lahmen, Erweckung der Tabitha. Links unten: Paulus besucht Petrus im Kerker, Petrus erweckt den Sohn des Theophil zum Leben, Petrus auf dem Lehrstuhl, Die Schattenheilung, Güterverteilung, Kreuzigung Petri sowie Petri Streit mit Simon dem Magier, ein Engel befreit Petrus aus dem Kerker.

San Frediano in Cestello 9

Die durch einen Tambour weithin sichtbare Kuppel mit Laterne ist das Wahrzeichen von San Frediano und führt Florenzbesucher zu dieser nie vollendeten Kirche. Sie birgt einen Barockraum, dessen Stuckdekorationen wie der Kapellenschmuck aus der Bauzeit um 1700 stammen.

Restaurants

■ An der Piazza am Arno hinter der Kirche speist man ausgezeichnet in der **Enoteca Pane e Vino** (Piazza di Cestello 3r, Tel. 055 247 69 56). ●●–●●●

■ **Le Barrique**
Via del Leone 40r][Tel. 055 22 41 92
Kleines Weinlokal nahe der Kirche. Das Auge isst mit; es ist auch nur Weinverkostung möglich (Di–So ab 19 Uhr). ●●

■ **La Cité**
Borgo San Frediano 20r
Tel. 0 55 21 03 87
www.lacitelibreria.info
Alternative Buchhandlung voller Atmosphäre mit Café. WLAN-Zugang (WiFi), Events und Live-Musik: Ein Treffpunkt im Viertel San Frediano (tgl. 10.30–1, So ab 16 Uhr). ●●

Shopping

Schlendern Sie den **Borgo San Frediano** entlang. Bei **Dangerous Work** finden Sie schräge, alternative Mode (Nr. 17r), im **Twisted Jazz Shop** eine riesige Auswahl an Jazz-CDs (Nr. 21r) und bei **Le Conquiste** (Nr. 27r) klassische Mode, aber auch freches Schneiderdesign.

Oltrarno][Via San Niccolò

Von San Niccolò in die Hügel

— **❾** — *Museo Bardini ›
*Giardino Bardini › San Niccolò › Piazzale Michelangelo ›
San Salvatore al Monte ›
**San Miniato al Monte ›
Forte Belvedere

Dauer: 3–4 Stunden
Praktische Hinweise: Die Buslinie 13 fährt ab Piazza Ferrucci am Ponte San Niccolò hinauf zum Piazzale Michelangelo und über die Hügel bis in die Nähe des Forte Belvedere, dann zurück zum Bahnhof. Der Treppenaufgang von der Porta San Miniato zur Piazzale ist relativ steil, etwas leichter in Serpentinen geht man von der Piazza Poggi.

Skulpturen im Giardino Bardini

*Museo Bardini ⓾

Hinter der Fassade des Palastes aus dem 13. Jh. verbergen sich die Schätze **eines der kuriosesten Museen der Stadt,** das 2009 wiedereröffnete. Der Kunsthändler Stefano Bardini (1836 bis 1922) ließ ausgewählte Objekte in seinem Palast anbringen und vermachte die eigenwillige Sammlung von Werken fast aller Epochen und Gattungen der Stadt (Sa–Mo 11–17 Uhr, Eintritt 5 €).

*Giardino Bardini ⓫

Oberhalb des Palazzo erstreckt sich der romantische Garten, der ebenso wie die für Kunstausstellungen genutzte, 2007 restaurierte **Villa Bardini** darin zugänglich ist (Eingang Costa San Giorgio 4, Nov.–Febr. tgl. 8.15–16.30, März bis Mai, Sept. bis 18.30, Juni–Aug. bis 19.30, Okt. bis 17.30 Uhr, 1. und letzter Mo im Monat geschl.).

Via San Niccolò

Wenn man durch die hübsche, mittelalterlich anmutende Via di San Niccolò spaziert, passiert man das Stadttor San Miniato, Reste der Stadtmauer aus dem 14. Jh. sowie die Kirche **San Niccolò oltr'Arno** ⓬. Hier wurde im 16. Jh. Geschichte geschrieben. Die Truppen des Medici-Papstes Clemens VII. besiegten die Anhänger der Republik und nahmen 1530 die Stadt ein. Michelangelo, der für die Republik die Festungsanlagen verstärkt hatte, versteckte sich in der Kirche. Der Papst verzieh ihm – unter einer Bedingung: Er sollte wieder für ihn arbeiten.

Das mächtige **Stadttor San Niccolò** ⓭ (1324), das als einziges noch seine Originalhöhe besitzt, beherrscht die Piazza Giuseppe Poggi.

Oltrarno][Via San Niccolò

Restaurants

■ **Fuori porta**
Via Monte alle Croci 10r
Tel. 05 52 34 24 83
In dem rustikalen Lokal werden gute Weine und dazu Crostini serviert. ●

■ **Antica Mescita San Niccolò**
Via San Niccolò 60r
Tel. 05 52 34 28 36
Wenige, aber fein gekochte toskanische Speisen, dazu gute Weine. So geschl. ●

■ **Hosteria del Bricco**
Via San Niccolò 8r
Tel. 05 52 34 50 37
Klassische Florentiner Küche wie *Ribollita*, *Pappa al Pomodoro* und gefülltes Kaninchen. Mo geschl. ●●

Nightlife

Im netten Café-Pub **Il Rifrullo,** Via San Niccolò 57r, genießt man kleine und größere Gerichte in internationaler Atmosphäre. In der avantgardistischen **Bar Zoe, Via de' Renai 13r,** trifft sich hauptsächlich jüngeres Publikum, im **Negroni,** Via de' Renai 17r, ein bunt gemischtes Völkchen.

12 Piazzale Michelangelo 14

Die *Aussicht von diesem weiten Platz, in dessen Mitte eine Kopie von Michelangelos David wacht, ist bestechend schön: **ganz Florenz mit der herausragenden Kuppel des Doms liegt einem zu Füßen.** Hier herrscht oft Gedränge, die Abendstimmung ist aber auch bezaubernd. Bis weit nach Mitternacht trifft man vorwiegend auf junge Florentiner.

Hinter dem traditionsreichen Caffè Loggia führt eine Treppe hinauf zu **San Salvatore al Monte** 15. Michelangelo gefielen die erstmals in einem Kirchenraum übereinander gestellten Wandpfeiler; sein Ausspruch »La bella villanella« (die kleine Landschöne) machte die Kirche berühmt.

San Miniato al Monte 16

Als erster Märtyrer von Florenz starb um 250 der hl. Miniatus im Amphitheater der Stadt. Der Legende nach nahm er seinen abgeschlagenen Kopf und stieg auf einen Hügel, wo er inmitten heidnischer Tempel den Ort für sein Grab wählte. Römische Kapitelle schmücken die Krypta des schönsten und besterhaltenen romanischen Gotteshauses der Stadt: 1018 wurde der Bau begonnen. Die Fassade von San Miniato besticht durch ihre prachtvolle grünweiße Marmorverkleidung. Das *Mosaik Christi stammt aus der Mitte des 13. Jhs.

Der Innenraum der dreischiffigen Basilika strahlt dieselbe Harmonie aus wie die Fassade, verstärkt durch ein großartiges *Mosaik gleicher Thematik. Die *Geschichte des hl. Benedikt (rechts oben, Sakristei) erzählte Spinello Aretino 1378 in seinen wunderschönen Fresken erstmals in der Toskana. Einzigartig sind die Überbleibsel der romanischen Ausstattung: *Kanzel, verzierte *Altarschranken und **Hauptaltar,** auch die fünf Alabasterfenster des Chors. Im ältesten Teil, der **Krypta,** fühlt man sich ins Mittelalter versetzt, vor allem,

Oltrarno][Forte Belvedere

Karte Seite 129

 wenn die Mönche abends gregorianische Gesänge anstimmen.

Fast als ein Bau für sich wirkt die ***Kapelle des Kardinals von Portugal** (linkes Seitenschiff). Luca della Robbia, ein Schüler Brunelleschis, errichtete sie nach dem Vorbild des Meisters in San Lorenzo. Geöffnete Marmorvorhänge geben den Blick frei auf das verspielte ***Grabmal des Kardinals** von Antonio Rossellino (April–Okt. tgl. 8–19 Uhr, sonst 8–13, 14.30–18 Uhr).

Forte Belvedere 17

Von hier hat man **den schönsten **Blick auf die Stadt.** Die Festung erhebt sich vis-à-vis des Zentrums. Vom Piazzale Michelangelo spaziert man die Via del Monte alle Croci zum Stadttor San Miniato hinunter und die Via Belvedere hinauf (ca. 1 Std.). Auch die Buslinie 13 fährt vom Piazzale Michelangelo Richtung Porta Romana bis zur Haltestelle Galileo 4. Von dort führt ein Spaziergang durch ein Villenviertel hinauf.

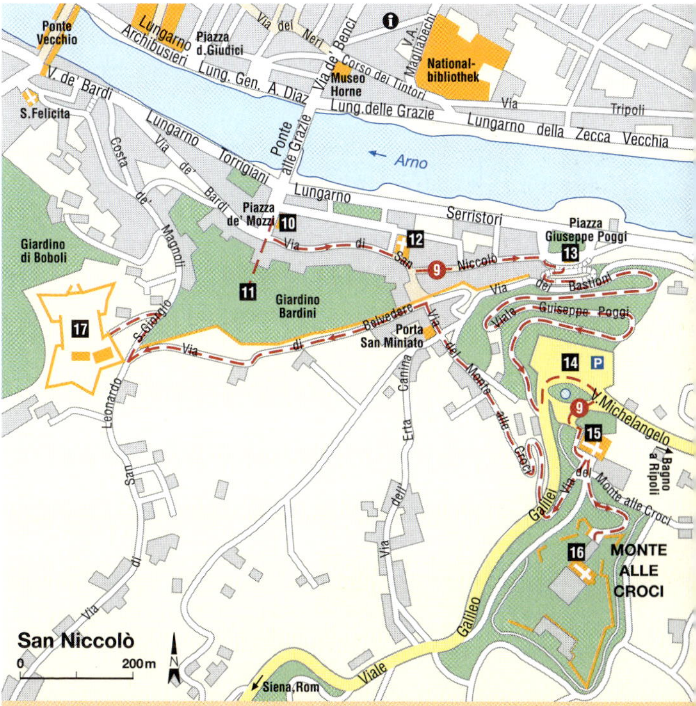

— 9 — Von San Niccolò in die Hügel
10 Museo Bardini
11 Giardino Bardini
12 San Niccolò oltr'Arno
13 Stadttor San Niccolò
14 Piazzale Michelangelo
15 San Salvatore al Monte
16 San Miniato al Monte
17 Forte Belvedere

Ausflüge

- Fiesole
- Certosa di Galluzzo
- Ausflug zu den Villen im Nordwesten: Villa di Castello, Villa La Petraia
- Fahrt durch den Mugello: Villa Demidoff, Villa Cafaggiolo, Scarperia, Borgo San Lorenzo, Vicchio, Dicomano und Rùfina

Fiesole

Piazza Mino da Fiesole ›
*Archäologische Zone ›
Konvent der Franziskaner

Dauer: ½ Tag
Praktische Hinweise: Bus Nr. 7 fährt vom Hauptbahnhof Florenz in ca. 40 Min. zur zentralen Piazza Mino da Fiesole.

Kein Florenzaufenthalt ohne Besuch der kleinen Schwester auf dem Hügel (295 m)! Der Charme des Städtchens, die gute Luft und der eindrucksvolle Anblick der Arnostadt von oben, all dies spricht für einen Abstecher nach Fiesole (14 100 Einw.).

Geschichte

Der im 7. Jh. v. Chr. von den Etruskern Volterras gegründete Ort verbündete sich im 3. Jh. v. Chr. mit Rom – das bewahrte ihn vor Zerstörungen! Anfang des 1. Jhs. v. Chr. wählte Fiesole dann die falsche Seite, und der Sieger Sulla strafte die Stadt: Mitten in der Tempelzone ließ er ein Theater errichten und entweihte den heiligen Bezirk. Bis in die Zeit der Völkerwanderung besaß der Ort größere Bedeutung als Florenz, das sich Fiesole 1125 einverleibte. Reiche Kaufleute schätzten das Klima und errichteten prächtige Villen.

Ein Besuch der herrlichen Gärten ist von April bis Okt. Do nachmittags möglich (Reservierung: Mo vor der Besichtigung, 9–12 Uhr, Tel. 05 50 55, Eintritt 5 €, 7–25, über 65 Jahre 3 €).

Piazza Mino da Fiesole

Auf dem einstigen Forum pulsiert das Leben. Wenn man durch den Ort spaziert, erschließen sich immer wieder neue Aussichten. Die Piazza wird auf der einen Seite vom **Palazzo Pretorio,** dem heutigen Rathaus, abgeschlossen; am unteren Ende grüßt der 42 m hohe Turm des romanischen **Doms San Romolo.** Gönnen Sie dem Renaissance-Grabmal und dem Altar von Mino da Fiesole in der Cappella Salutati und der Krypta einen Blick. Die **Fiera di San Romolo** ehrt am 6. Juli den Stadtpatron und endet mit einem großen Feuerwerk.

Freunde gotischer Malerei und der Della Robbia-Terrakotten zieht es ins 2005 renovierte **Museo Bandini** hinter dem Dom (Öffnungszeiten › Archäologische Zone, Sammelticket › S. 132).

*Archäologische Zone

Neben den Ausgrabungen bietet die Archäologische Zone eine hervorragende Aussicht auf die Hügel vor dem Apennin. Man erkennt ein römisches ***Amphitheater** für 3000 Zuschauer, rechts unten die Thermen, links die Tempelruinen, eingerahmt von der einst fast 5 m hohen, aus mächtigen Steinen errichteten ***Stadtmauer.** Von der Terrasse der Caffeteria, die zu einer Pause einlädt, eröffnet sich ein maleri-

Das römische Amphitheater in Fiesole

scher Blick über das Areal. Die Besichtigung des *Archäologischen Museums mit hervorragenden etruskischen, römischen und langobardischen Exponaten sowie ein Blick auf die feinen etruskischen und attischen Vasen des Antiquariums schließen den Rundgang ab (Nov.–Febr. Do–Mo 10–16, März, Okt. Mi–Mo 10–18, April–Sept. Mi–Mo 10–19 Uhr, Eintritt 10 €, 7–25, über 65 Jahre 6 €, Familienticket 20 €; Ticket auch im Museo Bandini gültig).

Im Juni/Juli finden im Rahmen der **Estate Fiesolana**, einem anspruchsvollen Veranstaltungsprogramm, Konzerte, Ballett- und Filmvorführungen statt, auch mit ==Konzerten im römischen Theater== (www.estatefiesolana.it).

Konvent der Franziskaner

Ein romantischer Spaziergang führt von der Piazza Mino da Fiesole zum Konvent der Franziskaner. Die Hälfte der Wegstrecke markiert die mit ihren 16 Säulen auf antiken Basen majestätisch anmutende romanische Basilika **Sant'Alessandro**. Sie erhebt sich seit dem 14. Jh. an der Stelle der etruskischen Akropolis. Immer wieder öffnet sich eine traumhafte Aussicht auf Florenz beim Anstieg. Im Kloster besichtigt man neben der Kirche und den Kreuzgängen ein ==auch für Kinder interessantes kleines ethnografisches Museum,== das sogar mit einer Mumie aufwartet (tgl. 7–12, 15–17, im Sommer bis 19 Uhr, gratis).

Infos

Ufficio Turistico
Via Portigiani 3][50014 Fiesole
Tel. 0 55 59 87 20
www.comune.fiesole.fi.it

Hotels

■ **Bencistà**
Via B. da Maiano 4][Tel. 05 55 91 63
www.bencista.com
Stilvolles, mit Antikmöbeln eingerichtetes Haus in schöner Umgebung. ●●
■ **Villa Sorriso**
Via Gramsci 21][Tel. 05 55 90 27
Fax 05 55 97 80 75
Kleines, komfortables Hotel hinter dem Rathaus. ●

Restaurants

■ **Ristorante San Michele**
Via Doccia 4][Tel. 05 55 94 51
In der von Michelangelo entworfenen Abtei nahe Fiesole genießt man feine regionale Spitzenküche; toller Blick von der Terrasse. Dez.–April geschl. ●●●
■ **Vinandro**
Piazza Mino da Fiesole 33
Tel. 05 55 91 21
Nettes Lokal direkt am Hauptplatz, klassische Florentiner Küche, dazu gute Auswahl an Toskana-Weinen. Juni bis Sept. tgl., sonst Mo geschl. ●–●●

Certosa di Galluzzo

Galluzzo

Dauer: ½ Tag
Praktische Hinweise: Bus 37 fährt vom Hauptbahnhof Florenz in ca. 40 Min zur Certosa nach Galluzzo.

Außenansicht und Pinakothek

Von hohen Mauern eingefasst, erhebt sich auf dem 110 m hohen Monte Acuto eine uneinnehmbar wirkende Festung, das Kartäuserkloster Niccolò Acciaioli, ein reicher Florentiner, gründete 1342 die Certosa, und andere wohlhabende Florentiner beschenkten den Konvent: Einzigartige Kunstwerke bezeugen eine Jahrhunderte währende Stiftungsfreude.

In der **Pinacoteca**, den ehemaligen Wohnräumen Acciaiolis, ziehen die Fresken Pontormos die Blicke auf sich; die Vorlagen für die Lünetten mit der ***Passionsgeschichte** lieferten die Drucke Albrecht Dürers, die damals in Florenz kursierten.

*Klosterkirche San Lorenzo

Hinter der kleinen Tür in den dicken Mauern entdeckt man die großartige Fassade (16. Jh.) der Klosterkirche. Durch den Chor der Laienbrüder gelangt man in den Kirchenraum der Mönche; das Kreuzgewölbe verweist auf die gotische Entstehungszeit, die ausgesprochen prachtvolle Ausstattung – allem voran das ***Chorgestühl** – auf die Kunst des 16. Jhs. Bezaubernd wirken die acht prächtigen und überaus fein gearbeiteten Glasfenster im ehemaligen Rekreationsraum der Mönche.

Der Kreuzgang

Im großen ***Kreuzgang möchte man gern verweilen, die Ruhe und Abgeschiedenheit genießen** und dabei die Terrakotten von Giovanni della Robbia betrachten. Die Mönchszellen um den Kreuzgang bilden kleine Appartments mit Gartenanteil – die Kartäuser durften sich nur einmal pro Woche zu Gesprächen treffen. Die Zisterzienser übernahmen 1958

Echt gut! den Konvent; in ihrem **kleinen Laden findet sich sicher ein nettes Souvenir.** (Führungen Di–So um 9.15, 10.15, 11.15, 15, 16, 17 Uhr, So 9.15 sowie nach den Messen um 10, 11, 15 und 16 Uhr, im Winter bis 16 Uhr, Spende).

Ausflug zu den Villen im Nordwesten

Villa di Castello › *Villa La Petraia

Dauer: ½ Tag
Praktische Hinweise: Vom Hauptbahnhof Florenz fährt Bus Nr. 28 hinauf zur Via di Villa di Castello.

Villa di Castello 3

Von der Bushaltestelle in den leicht ansteigenden Hügeln bringt Sie die gleichnamige Straße zur imposanten Villa di Castello. Von 1477 an ließen sich zwei Medici den Landsitz ausbauen. Nach seiner Proklamation zum Herzog von Florenz gab Cosimo I. den Auftrag für die Gestaltung des prunkvollen *Parks – damals ein Statussymbol, heute einer der wenigen stilrein erhaltenen Renaissancegärten.

Der Palast ist Sitz der Accademia della Crusca, die 1583 zur Reinhaltung der italienischen Sprache gegründet wurde. Nur der Garten hinter der Villa kann besichtigt werden. Man schlendert durch eine italienische Gartenanlage zur bizarren Grotta degli Animali. Im oberen Gartenteil überrascht eine Wildnis aus Steineichen und Zypressen; die Statue des Januar erinnert an die Ernennung Cosimos I. zum Herzog in diesem Monat (geöffnet wie La Petraia s.u., gratis).

*Medici-Villa La Petraia 4

In der Via della Petraia etwas weiter prunkt die reich verzierte spätbarocke Fassade der Villa Corsini, und in 123 m Höhe thront die Medici-Villa La Petraia. Man sieht ihr den Baustil des typischen Florentiner Landhauses an; der mittelalterliche Turm ist ein Merkmal der frei stehenden, rechteckigen toskanischen Bauernhäuser. Das Belvedere rechts von der Villa wird seinem Namen gerecht. Man hat hier einen **herrlichen *Panoramablick über die ganze Arno-Ebene.** Spazieren Sie durch den wunderschön angelegten hängenden *Garten, der einen romantischen englischen Teil und eine geometrische Sektion aus dem 16. Jh. aufweist.

Als Viktor Emanuel II. 1865 Florenz zur Hauptstadt Italiens kürte, ließ er sich die Medici-Villa zum Jagdschloss im prächtigen Empirestil umgestalten. Welch seltsame Mischung dabei entstand, zeigt der mit Fresken ausgemalte *Innenhof – unter Viktor Emanuel wurde er mit einem Glasdach überspannt und als Ballsaal genutzt. Zu den interessantesten Objekten in den prunkvollen Räumen zählt der Flipperautomat (19. Jh.) im Spielzimmer (tgl. außer dem 2. und 3. Mo im Monat von 8.15 Uhr bis zum Einbruch der Dunkelheit, im Sommer letzter Einlass 18.30 Uhr, Nov.–Febr. 15.30 Uhr; gratis).

Fahrt durch den Mugello

Villa Demidoff › Villa Cafaggiolo › Scarperia › Borgo San Lorenzo › Vicchio › Dicomano › Rùfina

Dauer: 1 Tag
Praktische Hinweise: Am besten fährt man mit dem Auto, da man so unabhängig die ganze Rundfahrt bestreiten kann. Zu den einzelnen Orten gibt es auch Busverbindungen. Der ATAF-Bus Nr. 25A bringt Sie vom Hauptbahnhof Florenz nach Pratolino zur Villa Demidoff. Sie können auch mit SITA bis Pratolino und dann weiter nach Scarperia (www.sitabus.it) und über Borgo San Lorenzo zurück nach Florenz fahren. Auch die Autolinee Toscane bedienen Rùfina, Borgo San Lorenzo und Scarperia (www.autolineetoscane.it). Mit der Bahn erreichen Sie Rùfina, Dicomano, Vicchio, Borgo San Lorenzo und San Piero a Sieve, von dort fahren Busse nach Scarperia (www.trenitalia.it). Den Ausflug unternimmt man am besten am Wochenende, da dann alle Sehenswürdigkeiten geöffnet sind.

Villa Demidoff 5

Zu den landschaftlich reizvollsten Abschnitten des Apennins zählt der Mugello. Wenige Touristen besuchen diese Region, die sich viel Ursprünglichkeit bewahrt hat und mit prächtigen Villen und Gärten aufwartet.

Großherzog Francesco I. erwarb 1568 das Gelände der Villa Demidoff in Pratolino, ca. 10 km von Florenz entfernt. Für sich und seine Geliebte ließ er ein Lustschloss mit *Garten errichten, in dem einst bizarre Wasserspiele und großartige Skulpturen standen. Die Villa im Park diente früher als Pagenhaus. Der russische Prinz Pavel Demidoff kaufte 1870 das Gebäude und ließ es zur stilvollen Residenz ausbauen.

Die 10 m hohe Brunnenfigur des **Apennin von Giambologna im Garten sollte an den Ursprung der Medici-Dynastie im Mugello erinnern. Neben dem Apennin blieben der Mugnone-Brunnen, die Peschiera della Maschera (früher Badebecken), die Cupido-Grotte, der Jupiterbrunnen und die Kapelle von Buontalenti bestehen (Mai–Sept. Fr–So 10–19.30 Uhr, sonst Öffnungszeiten unter Tel. 0 55 40 94 27 erfragen, gratis).

Villa Cafaggiolo 6

Von Pratolino fährt man auf der SS 65 nach Norden; Zerreichen *(quercus cerris)* und Kastanien wechseln mit Wiesen und Kiefernwäldern ab, hier trifft man auf unberührte Natur. In Novoli biegt man links ab zur grandiosen Me-

Ausflüge][Mugello

dici-Villa Cafaggiolo, deren Fassade die Nähe zum Florentiner Landhaus widerspiegelt.

Charaktervolle Städte

Landschaftlich sehr reizvoll ist die Strecke zwischen San Piero a Sieve (von Novoli) und *Scarperia **7**. Ein Spaziergang durch die 1306 von Florenz gegründete Stadt führt zur zentralen Piazza mit dem *Palazzo dei Vicari, den die Wappen der von Florenz geschickten Statthalter schmücken. Der Palazzo beherbergt das **interessante Messermuseum,** denn Scarperia ist seit dem Mittelalter das Zentrum der Messerherstellung in der Toskana (Juni–Mitte Sept. Mi–Fr 15.30–19.30, Sa, So, Fei auch 10–13 Uhr, Mitte Sept. bis Mai Sa, So, Fei 10–13, 15 bis 18.30 Uhr, Eintritt 3 €, 6–14 Jahre 1,50 €).

In dem weitgehend modernen Hauptort des Mugello, **Borgo San Lorenzo 8** (193 m; 15 800 Einw.), weist die üppig ausgestattete romanische Kirche *San Lorenzo auf die Bedeutung im Mittelalter hin. Man folgt dem Fluss Sieve zum Ort **Vicchio.** Ab **Dicomano** verläuft die Rundfahrt wieder gen Florenz.

Für Weinfreunde ist der Halt in **Rùfina 9** ein Muss. In der Villa di Poggio Reale können Sie sich im **Weinmuseum** informieren und anschließend in der **Enoteca** die **exzellenten Tropfen Chianti Rùfina und Pomino zu kleinen toskanischen Gerichten** verkosten (Museum und Enoteca Fr–So ab 11 Uhr bis abends, sonst Anfrage unter Tel. 05 58 39 50 78).

Restaurant

Ristorante Il Gioco
Am Gioco-Pass (9 km nördl. von Scarperia)][Tel. 05 58 46 83 20
Auf fast 900 m Höhe genießt man in einer alten Poststation eine typische Küche des Mugello. Mo abends und Di geschl. •

An der Piazza dei Vicari im Ort Scarperia

Infos von A–Z

Ärztliche Versorgung
EU-Bürger werden gegen Vorlage der Europäischen Krankenversicherungskarte kostenlos behandelt. Der Abschluss einer privaten Auslandskrankenversicherung ist empfehlenswert, etwa für den Rücktransport im Notfall.

Im **Medical Service**, einem medizinischen Telefondienst, erreichbar unter Tel. 0 55 47 54 11, stehen für den Notfall rund um die Uhr Deutsch sprechende Ärzte zur Verfügung. Dort wird je nach Fall entschieden, ob ein Arzt geschickt werden muss oder ob man an eine deutschsprachige Praxis verwiesen wird.

Behindertengerechtes Reisen
Adressen von geeigneten Hotels, zur Fortbewegung in Florenz, zur Museumsbesichtigung u.a. findet man unter www.firenzeturismo.it *(Turisti con bisogni speciali* bzw. *Tourists with Special Needs)* anklicken.

Diplomatische Vertretungen
- **Deutsches Honorarkonsulat**
Corso dei Tintori 3, Tel. 05 52 34 35 43, rapp.toscana@ahk-italien.it
- **Schweizer Honorarkonsul**
Piazzale Galileo 5, Tel. 0 55 22 24 34, firenze@honorarvertretung.ch
- **Österreichisches Konsulat**
Lungarno Vespucci 58,
Tel. 05 52 65 42 22,
cons.austria@albinipitigliani.it

Einreise
EU-Bürger und Schweizer benötigen einen Reisepass oder Personalausweis, Autofahrer den nationalen Führerschein. Seit 2004 ist das Mitführen einer Sicherheitsweste im Auto und ihr Tragen im Notfall Pflicht.

Feiertage
- 1. Januar (Neujahr)
- 6. Januar (Hl. Drei Könige)
- Ostermontag
- 25. April (Staatsfeiertag)
- 1. Mai (Tag der Arbeit)
- 24. Juni (Festtag des San Giovanni)
- 2. Juni (Tag der Republik)
- 15. August (Ferragosto)
- 1. November (Allerheiligen)
- 8. Dezember (Unbefleckte Empfängnis)
- 25./26. Dezember (Natale, Weihnachten)

Fundbüro
Ufficio Oggetti trovati
Via Veracini 5 (int. 5)
Tel. 0 55 33 48 02, Mo–Fr 9.30–12.30, Di, Do auch 14.30–16.30 Uhr

Geld
Am Geldautomaten bekommt man mit Bank- oder Kreditkarte maximal 250 €/Tag. Viele Geschäfte, Trattorien und Hotels akzeptieren Kreditkarten.

Haustiere
Haustiere benötigen den Europäischen Heimtierpass. Pflicht sind Tätowierung

Urlaubskasse	
Tasse Kaffee	2,50–4,50 €
Softdrink	4 €
Glas Bier	6,50 €
Panino (belegtes Brötchen)	3–4,80 €
Portion Eis	2 €
Taxifahrt (innerstädtisch, ca. 12 km)	13 €
Mietwagen/Tag	ab 40 €

oder Mikrochip sowie eine Tollwutimpfung. Leine und Maulkorb für Hunde gehören mit ins Gepäck.

Informationen

Auskünfte erteilen die staatlichen italienischen Fremdenverkehrsämter (ENIT), www.enit-italia.it.
Deutschland: www.enit-italia.de
- 60311 Frankfurt/M.
Neue Mainzer Str. 26
Tel. (0 69) 23 74 34
enit.ffm@t-online.de
- 80538 München
Prinzregentenstr. 22
Tel. (0 89) 53 13 17
enit-muenchen@t-online.de

Österreich:
Kärntner Ring 4, 1010 Wien
Tel. (01) 5 05 16 39
info@enit.at, www.enit.at
Schweiz:
Uraniastr. 32, 8001 Zürich
Tel. 0 43 4 66 40 40
info@enit.ch, www.enit.ch
Florenz:
Via Manzoni 16, 50121 Firenze
Tel. 05 52 33 20
www.firenzeturismo.it
Mo–Fr 9–13 Uhr
Info-Büros in der Stadt:
- Via Cavour 1r
Tel. 0 55 29 08 32
infoturismo@provincia.fi.it

Gut zu wissen

- Die richtige **Hausnummer** in der richtigen Straße, und doch das Hotel nicht an der vermuteten Stelle zu finden? Steht in der Adresse hinter der Hausnummer ein kleines **r**? Dieser Buchstabe ist entscheidend, denn in Florenz werden die Hausnummern für Privatgebäude mit schwarzen und für Geschäfte oder Betriebe mit roten Ziffern angegeben: r für *rosso* (rot)!
- **Museen:** Die Eintrittspreise liegen in der Regel zwischen 4 und 6,50 €. Bei Ausstellungen (die in den wichtigsten Museen praktisch ständig stattfinden) werden die Preise meist um 3–6 € erhöht. In Italien gibt es dann keine Möglichkeit, nur das Museum ohne Ausstellung zu besichtigen.

Ermäßigungen: In staatlichen Museen (u.a. Uffizien, Galleria dell'Accademia, Bargello, Palazzo Pitti) haben EU-Bürger unter 18 und über 65 Jahren gegen Vorlage des Ausweises freien Eintritt, 18- bis 24-Jährige bekommen Ermäßigungen (meist 50 %). In kommunalen Museen (u.a. Palazzo Vecchio) erhalten Kinder und Jugendliche im Alter von 3–17, Besucher von 18–25 und über 65 Jahren sowie Familien ab zwei Kindern eine Ermäßigung.

Sammeltickets gibt es für den Palazzo Pitti und Boboli-Garten > S. 117, für die wissenschaftlichen Museen und den Botanischen Garten > S. 93 sowie für den Palazzo Vecchio und die Cappella Brancacci > S. 125.

Tickets von Firenze Musei: Tickets mit aufgedrucktem Eintrittstag und -zeitpunkt für alle staatlichen Museen können bei Firenze Musei vorbestellt werden (3 € pro Person, für die Uffizien und die Galleria dell'Accademia 4 €). Lange Wartezeiten kann man so vermeiden: Tel. (00 39) 0 55 29 48 83, www.firenzemusei.it, Mo–Fr 8.30 bis 18.30, Sa 8.30–12.30 Uhr. Persönlich am Infopunkt, Via de' Calzaiuoli (an der Kirche Orsanmichele), Mo–Sa 10–17.30 Uhr.
- **Rauchen:** Seit Januar 2005 herrscht in allen öffentlichen Gebäuden Rauchverbot, ebenso in Bars und Restaurants ohne Raucherzimmer.
- **Fahrverbote, Parkplätze** > S. 19

Infos von A–Z

Mo–Sa 8.30–18.30, So, Fei 8.30 bis 13.30 Uhr
- Piazza Stazione (am Bahnhof)
Tel. 0 55 21 22 45
turismo3@comune.fi.it
Mo–Sa 8.30–19, So, Fei 8.30–14 Uhr
- Borgo Santa Croce 29r
Tel. 05 52 34 04 44
turismo2@comune.fi.it
Mo–Sa 9–19, So, Fei 9–14, Mitte Nov. bis Febr. Mo–Sa nur bis 17 Uhr

Notruf
- Polizei, Notruf Tel. 112, 113
- Erste Hilfe Tel. 118
- Feuerwehr Tel. 115
- Autopanne Tel. 80 31 16

Öffnungszeiten
- **Läden:** meist 9–13 und 15.30 bis 19.30 Uhr; im Sommer schließen viele Geschäfte am Sa Nachmittag, im Winter am Mo Vormittag oder Mi Nachmittag, Modegeschäfte sind meist Mo vormittags geschl.
- **Banken:** Mo–Fr 8.30–13.30 Uhr (manche auch nachmittags).
- **Kirchen:** meist in der Zeit von 12/13 bis 15/16 Uhr geschl.
- **Museen, Galerien:** ändern häufig ihre Öffnungszeiten, die der wichtigsten Museen finden Sie jeweils am Ende der Beschreibung im Unterwegskapitel.
- **Tankstellen** sind – außer an Autobahnen – über Mittag sowie an Sonn- und Feiertagen geschlossen. Manche haben Tankautomaten, die mit Bargeld und/oder Kreditkarte funktionieren.

Rechnungen und Belege
Für Dienstleistungen in Restaurants, Autowerkstätten u.a. muss man sich eine Quittung *(ricevuta fiscale)* inkl. Mehrwertsteuer (IVA) ausstellen lassen und aufbewahren. Die Belege sind auf Verlangen der Steuerpolizei vorzuzeigen, die befugt ist, Kontrollen durchzuführen und Strafen zu verhängen.

Sicherheit
Wo Touristen unterwegs sind, sehen auch Taschendiebe ihre Chance. In größeren Menschenansammlungen und an von Touristen stark frequentierten Orten sollte man besonders achtgeben. Papiere, Wertsachen und größere Geldbeträge gehören in den Hotelsafe. Lassen Sie grundsätzlich nichts im Wagen liegen und stellen Sie das Auto in einer Garage oder auf bewachten Parkplätzen ab. Wer bestohlen wurde, sollte die Polizei *(questura)* verständigen.

Telefon und Handy
In Italien gibt es nur Kartentelefone. Telefonkarten *(scheda telefonica)* zu 5 bzw. 10 € gibt es beim Tabacchi- und Zeitschriftenhändler. Vor der Benutzung ist eine Ecke abzubrechen. Auch bei innerstädtischen Gesprächen muss die Ortskennzahl von Florenz (0 55) mitgewählt werden.

Handys funktionieren im italienischen Mobilfunknetz (GSM 900/1800) problemlos; gute Tipps gibt es unter www.teltarif.de/roaming/italien/handy.html. Italienische Handynummern beginnen nicht mit einer Null.

Internationale Vorwahlen:
- nach Deutschland 00 49
- nach Österreich 00 43
- in die Schweiz 00 41
- nach Italien 00 39; die 0 der Ortskennzahl ist immer mitzuwählen

Zoll
Für Reisende aus EU-Staaten gibt es im privaten Reiseverkehr keine Mengenbegrenzungen für Waren des eigenen Bedarfs. Es gelten folgende Richtmengen: 800 Zigaretten, 1 kg Tabak, 10 l Spirituosen, 90 l Wein.

Schweizer können Geschenke im Gesamtwert von 300 CHF zollfrei ein- und ausführen, dazu 200 Zigaretten (oder 50 Zigarren oder 250 g Tabak), 1 l Spirituosen und 2 l Wein.

Register

Alberti, Leon Battista 50, 93, 111, 113
Ammannati, Bartolomeo 53, 88, 118
Andrea del Castagno 50, 52, 53, 64, 86
Andrea del Sarto 53, 72, 92, 93, 94, 119
Andrea del Verrocchio 51, 69, 84, 101
Andrea Pisano 60
Anreise 19
Apotheke Santa Maria Novella 113
Arnolfo di Cambio 48, 62, 65, 68, 103
Ärztliche Versorgung 137

Baccio d'Agnolo 75
Badia Fiorentina 99
Baptisterium 47, **60**
Bargello 100
Beccafumi, Domenico 72
Behindertengerechtes Reisen 137
Benedetto da Maiano 51, 78, 101
Bevölkerung 46
Biblioteca Medicea Laurenziana 84
Biblioteca San Marco 92
Boccaccio, Giovanni 66, 87
Borgo San Lorenzo 136
Borgo SS. Apostoli 74
Botticelli, Sandro 52, 53, 72, 94, 112
Brancacci-Kapelle 52, **125**
Bronzino, Agnolo 53, 69, 84, 88
Brunelleschi, Filippo 47, 50, 53, 63, 82, 83, 89, 94, 104, 114, 118, 123
Buontalenti, Bernardo 53, 92, 121, 135
Busverbindungen 20

Campanile 64
Canova, Antonio 119

Cappella dei Magi 82
Cappella Pazzi 104
Cappelle Medicee 85
Casa Galleria 111
Cascine-Park 115
Casino Mediceo 92
Cellini, Benvenuto 53, 71, 100, 101
Cenacolo di Sant'Apollonia 50, 53, **86**
Cenacolo di Santo Spirito 124
Certosa di Galluzzo 132
Chiostro dello Scalzo 92
Cimabue 48, 72, 104
Clemens VI. 87
Clemens VII. 49, 84
Coppo di Marcovaldo 78

Daddi, Bernardo 48
Dante Alighieri 63, 66, 87, 103
Della Robbia, Andrea 94
Della Robbia, Giovanni 133
Della Robbia, Luca 51, 63, 65, 94, 101, 104, 129, 131
Desiderio da Settignano 51, 82, 101, 103
Dickens, Charles 42
Diplomatische Vertretungen 137
Diskotheken 39
Domenici, Leonardo 45
Domenico Veneziano 72
Donatello 50, 65, 67, 82, 84, 100, 103, 104

Einkaufen 30
Einreise 137
Eleonora von Toledo 69, 115, 118
Ermäßigungen 23, 138
Essen und Trinken 27

Fahrrad- und Rollerverleih 21
Feiertage 137
Feste 54

Fiesole 131
- Archäologische Zone 131
- Archäologisches Museum 132
- Dom San Romolo 131
- Konvent der Franziskaner 132
- Museo Bandini 131
- Palazzo Pretorio 131
- Piazza Mino da Fiesole 131
Flughafen 19
Forte Belvedere 129
Fra Angelico (Giovanni da Fiesole) 52, 72, 90, 92
Fra Bartolomeo 119
Fresken 50
Fundbüro 137

Gaddi, Agnolo 48, 104
Gaddi, Taddeo 48, 104
Galileo Galilei 93, 102, 103
Gentile da Fabriano 72
Geschichte 44
Ghiberti, Lorenzo 51, 62
Ghirlandaio, Domenico 50, 52, 53, 70, 75, 91, 94, 112, 114
Giambologna 53, 69, 71, 93, 100, 113, 135
Giardino Bardini 127
Giardino dei Semplici 92
Giardino di Boboli 120
Giotto 48, 64, 72, 103
Giovanni da Milano 48, 104
Giuliano da Maiano 99
Gozzoli, Benozzo 50, 52, 82, 92

Handwerk 106
Horne, Herbert Percy 87, 102

Informationen 137

Kinder 22
Kino 38, 55

Register

Kirchen
- Basilika Santissima Annunziata 53, 93
- Dom Santa Maria del Fiore 23, **62**
- Ognissanti 53, **112**
- Orsanmichele 67
- San Frediano in Cestello 126
- San Lorenzo 50, **82**
- San Marco 90
- San Miniato al Monte 50, **128**
- San Niccolò oltr'Arno 127
- San Pancrazio 111
- San Paolino 112
- San Salvatore al Monte 128
- Santa Croce 103
- Santa Felicita 53, **118**
- Santa Maria del Carmine 125
- Santa Maria Maggiore 78
- Santa Maria Novella 50, 52, 113
- Santa Reparata 62
- Santa Trinità 53, **75**
- Santissima Apostoli 74
- Santo Spirito 53, **123**
- Santo Stefano al Ponte 74

Konzerte 38
Kunst und Kultur 47

Leo X. 49, 85
Leonardo da Vinci 52, 72, 89, 92
Leopold II., Großherzog 45
Lippi, Filippino 52, 100, 114
Lippi, Filippo 52, 84, 124
Loggia dei Lanzi 70
Loggia del Bigallo 65
Loggia del Pesce 105
Lorenzo Monaco 49, 72, 75
Ludoteca Centrale 23

Machiavelli, Niccolò 103
Malaparte, Curzio 46
Marini, Marino 111

Märkte 35, 36
- Mercato di Sant'Ambrogio 105
- Mercato Nuovo 76
- Mercato San Lorenzo 35, 86
- Mercato Sant'Ambrogio 35
- Zentrale Markthalle 86

Masaccio 51, 72, 114, 126
Maso di Banco 48, 104
Masolino da Panicale 126
Medici 49
- Alessandro de' 44
- Anna Maria Luisa de' 71
- Cosimo (il Vecchio) de' 44, 49, 81, 90, 92, 118
- Cosimo I. de' 45, 49, 69, 71, 74, 85, 113, 115, 134
- Ferdinando I. de' 72, 85, 89
- Francesco de' 68
- Giovanni dalle Bande Nere 49
- Giovanni di Bicci de' 49, 82
- Giuliano de' 85
- Lorenzo il Magnifico de' 44, 49, 75, 82, 85, 87, 120
- Piero de' (Sohn von Cosimo) 84
- Piero de' (Sohn von Lorenzo il Magnifico) 49

Michelangelo Buonarroti 52, 65, 69, 72, 84, 85, 88, 100, 103, 104, 127
Michelozzo 50, 81, 68, 78, 90, 92, 93, 94
Mietwagen 21
Mino da Fiesole 51, 100
Mode 31, 36
Mugello 135
Museen 138
- Bargello 100
- Casa Buonarroti 104
- Dombaumuseum (Museo dell'Opera del Duomo) 65
- Galleria d'Arte moderna 119
- Galleria del Costume 37, 121
- Galleria dell'Accademia 88
- Galleria Michelangiolo 23, 92
- Galleria Palatina 119
- Il Genio di Leonardo 23, 89
- Museo Archeologico 95
- Museo Bardini 127
- Museo Casa di Dante 66
- Museo degli Argenti 120
- Museo dell'Opera di Santa Croce 104
- Museo della Casa Fiorentina Antica 76
- Museo della Fondazione Horne 102
- Museo della Specola 122
- Museo delle Carozze 122
- Museo delle Porcellane di Doccia 106
- Museo delle Porcellane 122
- Museo di Antropologia 23
- Museo di San Marco 90
- Museo di Santa Maria Novella 115
- Museo di Storia della Scienza 101
- Museo Ebraico 105
- Museo Marini 111
- Museo Nazionale Alinari della Fotografia 113
- Museo Nazionale di Antropologia ed Etnologia 98
- Museo Salvatore Ferragamo 37
- Museo Stibbert 23
- Museum für Geologie und Paläontologie 93
- Museum für Mineralogie und Gesteinskunde 93
- Palazzo Pitti 118
- Uffizien 71

Nardo di Cione 48, 115
Nigetti, Matteo 85, 112

Register

Nightlife 38, 124
Notruf 139

Öffnungszeiten 139
Opera del Duomo (Dombauhütte) 66
Opificio delle Pietre Dure 89
Orcagna, Andrea 48, 115, 124
Ospedale degli Innocenti 94
Outlet-Shops 32, 37

Palazzo
- Antinori 78
- Bartolini Salimbeni 75
- Davanzati 76
- di Parte Guelfa 76
- Medici-Riccardi 50, **81**
- Nonfinito 98
- Pazzi-Quaratesi 99
- Pitti 118
- Rucellai 110
- Spini-Feroni 74
- Strozzi 78
- Vecchio 68

Petrarca, Francesco 66
Piazza
- del Carmine 124
- della Repubblica 47, 77
- della Signoria 68
- San Firenze 101
- San Marco 87
- Santa Croce 103
- Santa Maria Novella 113
- Santa Trinità 74
- Santissima Annunziata 93
- Santo Spirito 122

Piazzale Michelangelo 128
Piero della Francesca 72
Pietro da Cortona 119
Pietro Leopoldo, Großherzog 45, 88, 121, 122
Pollaiolo, Antonio del 51, 101
Ponte alla Carraia 109
Ponte Vecchio 72
Pontormo, Jacopo da 53, 72, 94, 118, 133
Porcellino 76
Pratolini, Vasco 102

Raffael 52
Rechnungen 29, 139
Reisezeit 18
Renzi, Matteo 45
Rossellino, Antonio 51, 129
Rossellino, Bernardo 100, 103, 111
Rosso Fiorentino 53, 94, 119
Rùfina 136

Sagrestia Vecchia (San Lorenzo) 83
San Niccolò, Stadttor 127
Sangallo, Giuliano da 114, 124
Scarperia 136
Schwimmbäder 22
Sicherheit 139
Sogliani, Giovanni Antonio 91
Spielplätze 23
Spinello Aretino 48, 128
Sprachkurse 55

Stadtrundfahrten 20
Stadtverkehr 20
Stazione Leopolda 39, 54, 115
Strozzi, Filippo 78, 114
Synagoge 105

Tacca, Pietro 77, 93
Taxis 21
Telefonieren 139
Theater 38
Ticketvorverkauf 39

Uccello, Paolo 52, 64, 72, 115
Uffizien 71
Umwelt 43
Universität 87
Unterkunft 24

Vasari, Giorgio 53, 68, 69, 71, 88, 105, 118
Via Camillo Cavour 92
Via de' Fossi 111
Via de' Tornabuoni 77
Via della Vigna Nuova 110
Via San Niccolò 127
Vicchio 136
Viktor Emanuel II. 134
Villa Cafaggiolo 135
Villa Demidoff 135
Villa di Castello 134
Villa La Petraia 134

Wirtschaft 43

Zoll 139